KB059165

일본 최고의 대부호에게 배우는
돈을 부르는 말버릇

斎藤一人 お金と強運を引き寄せる最強の口ぐせ
宮本真由美 著
株式会社PHP研究所 刊
2017

SAITO HITORI OKANE TO KYOUN WO HIKIYOSERU
SAIKYO NO KUCHIGUSE
Copyright ⓒ 2017 by Mayumi MIYAMOTO
All rights reserved.

First Original Japanese edition published by PHP Institute, Inc., Tokyo.
Korean Translation Copyright ⓒ 2018 by The Business Books and Co., Ltd.
Korean translation rights arranged with PHP Institute, Inc., Tokyo
through CREEK&RIVER Co., Ltd., Tokyo and Imprima Korea Agency, Seoul.

인생도 수입도 극적으로 바뀌는 마법의 말하기 습관

일본 최고의
대부호에게 배우는

돈을 부르는 말버릇

미야모토 마유미 지음 | 황미숙 옮김

비즈니스북스

일본 최고의 대부호에게 배우는
돈을 부르는 말버릇

1판   1쇄 발행   2018년 9월 28일
1판 23쇄 발행   2024년 9월 3일

지은이 | 미야모토 마유미
옮긴이 | 황미숙
발행인 | 홍영태
편집인 | 김미란
발행처 | (주)비즈니스북스
등 록 | 제2000-000225호(2000년 2월 28일)
주 소 | 03991 서울시 마포구 월드컵북로6길 3 이노베이스빌딩 7층
전 화 | (02)338-9449
팩 스 | (02)338-6543
대표메일 | bb@businessbooks.co.kr
홈페이지 | http://www.businessbooks.co.kr
블로그 | http://blog.naver.com/biz_books
페이스북 | thebizbooks
ISBN 979-11-6254-040-4   03190

비즈니스북스는 독자 여러분의 소중한 아이디어와 원고 투고를 기다리고 있습니다.
원고가 있으신 분은 ms1@businessbooks.co.kr로 간단한 개요와 취지, 연락처 등을 보내 주세요.

. . .

승자가 즐겨 쓰는 말은
'다시 한 번 해보자'이고,
패자가 즐겨 쓰는 말은
'해봐야 별 수 없다'이다.

– 탈무드

. . .

뭘 해도 안 풀린다면
지금 당장 말버릇부터 바꿔라!

우리는 하루에도 수십 번씩 입을 열어 말을 합니다. 다른 사람과 이야기를 할 때뿐만 아니라 무심코 혼잣말을 중얼거리는 일도 많지요. 그럴 때 자신이 주로 무슨 말을 내뱉는지 알고 있나요? 혹시 다음과 같은 부정적인 말들이 문득문득 입 밖으로 튀어나오고 있지는 않은지요?

"짜증 나.", "별로야.", "재수 없어.", "어차피 안 돼.", "내가 원래 그렇지 뭐."

평소에 아무 생각 없이 쓰는 그 '말버릇'이 당신의 인생을 좌우합니다. 왜냐하면 말버릇이란 그 사람이 매일 어떤 '생각'을 하는지를 직접적으로 드러내기 때문입니다. 당신의 사고방식을 보여주는 습관이 바로 말버릇인 셈입니다.

평범한 직장인이었던 저는 '긴자 마루칸'銀座まるかん의 창업자이자 일본 개인 납세액 순위 1위인 거부 사이토 히토리 씨에게 말버릇의 중요성을 배운 후 이를 오래도록 실천했습니다. 그 덕분에 교토 부자 순위에 이름을 올릴 만큼 억만장자가 되었습니다. 말버릇의 중요성과 놀라운 힘을 뼈저리게 느끼고 있는 사람 중 하나이지요.

인간사는 말 한마디로 인해 인간관계나 일이 잘 풀리는가 하면 반대로 꼬이기도 합니다. 작은 말버릇 때문에 천국처럼 행복해질 수도 있고, 지옥 같은 고통을 맛볼 수도 있습니다. 제가 자주 드는 예를 하나 소개할까 합니다.

여기 '교코'라는 같은 이름을 가진 두 명의 직장인이 있습니다. 편의상 '교코 A'와 '교코 B'라고 부르겠습니다. 상품개발팀에서 일하는 두 사람은 나이가 같고 학벌 수준도 비슷하며 집안 환경도, 주변 환경도 비슷합니다. 다른 것은 말버릇뿐입니다. 교코 A씨는 항상 불평불만을 입에 달고 사는 안타까운 말버릇을 가졌습니다. 어느 겨울날, 그녀는 아침 출근길에 그만 빙판길에 미끄러져 넘어지고 말았습니다. 그녀의 입에서는 다음과 같은 말이 튀어나옵니다.

"아, 바빠 죽겠는데 재수가 없으려니까, 진짜!"

그녀는 늘 운이 없고, 자신의 인생이 불행투성이라고 생각합니다. 남들은 다 잘나가는데 자기한테는 늘 안 좋고 재수 없는 일만 일어나는 것 같다고 느낍니다. 교코 A씨는 '이렇게 열심히 사는데 하늘은 왜 날 도와주지 않는 거지?'라고 늘 불만입니다.

하늘이 교코 A씨의 편이 되지 못하는 이유는 왜일까요? 바로 '재수 없어'라는 말버릇이 그녀의 삶에 배어 있기 때문입니다. 그녀는 아무리 좋은 일이 일어나도 또 언제 안 좋은 일이 터질지 모른다며 스스로를 불행의 궤도에 올려놓고 말았습니다.

반대로 긍정적인 말버릇이 있는 교코 B씨는 어떨까요? 똑같이 빙판길에 미끄러져 넘어진 그녀는 이렇게 말합니다.

"휴, 잘못하면 크게 다칠 뻔했는데 심하게 넘어지지 않아서 정말 다행이다. 나는 운이 좋은가 봐!"

무슨 일이 생겨도 '나는 운이 좋아'라고 말하는 습관이 있는 그녀는 어떤 일에도 화를 내거나 짜증을 부리지 않습니다. 크게 다치지 않은 것에 감사함을 느끼며 일어나던 그녀에게 갑자기 반짝, 아이디어가 떠오릅니다. '그래, 빙판길에도 미끄러지지 않게 신발에 붙일 수 있는 미끄럼방지 패드를 만들면 어떨까?'

이 아이디어는 사업성을 인정받아 상품 개발로 이어졌고, 그녀는 이 실적으로 회사에서도 승승장구하게 됐습니다. 그녀는 늘 긍정적인 말버릇으로 주위의 분위기를 좋게 만들어서 사람들에게 인기도 많습니다. 마치 세상이 그녀의 편인 것처럼 교코 B씨의 인생은 잘 풀리는 일들의 연속으로 보입니다.

정말 이 세계를 관장하는 신 혹은 우주(아니면 전지전능한 누군가)가 교코 A씨에게는 도움을 주지 않고 교코 B씨에게만 행운을 가져다주었던 걸까요? 그렇지 않습니다. 우주(이제부터 '우주'라고 부르겠습니다)의 좋은 에너지는 '재수 없어'라는 말버릇을 달고 사는 교코 A씨의 곁에도 늘 있었습니다. 하지만 교코 A씨는 '재수 없어'라는 부정적인 말버릇 탓에 그 기운을 자기 쪽으로 끌어당기지 못했던 것뿐입니다.

이렇게 똑같은 상황에서도 툭 튀어나오는 말 때문에 인생이 하늘과 땅만큼 크게 달라집니다. 말버릇은 자동차의 핸들과 같습니다. 운전하는 내가 마이너스 쪽으로 핸들을 돌리면 차는 꽉 막힌 불행의 터널로 향하고, 플러스 쪽으로 돌리면 뻥 뚫린 행복의 길로 향하는 법이지요.

요즘은 대부분의 사람들이 트위터나 인스타그램 등 SNS에 많은 글을 쓰곤 합니다. 문장을 쓰고 공유하는 것은 당신이 생각한 말을 글로 내보내는 것이니, 말을 입으로 하느냐 글로 하느냐의 차이일 뿐, 다 같은 '말'이라 볼 수 있습니다. SNS 타임라인에 늘 욕이나 불평불만을 써놓는 사람과 기분 좋은 에피소드를 쓰고 감사를 전하는 사람 중 당신은 어느 쪽에 속하는지 생각해봅시다.

이 책을 집어 든 당신에게 어떤 말버릇이 있는지 알고 있나요? 어쩌면 당신은 자신의 나쁜 말버릇을 의식하지 못하고 있을지도 모릅니다. 대부분 그러하니까요. 이 책을 읽고 하나라도 좋으니 당신이 편하게 할 수 있는 긍정적인 말을 익혀보도록 합시다. 그리고 그 말이 '안녕하세요'처럼 몸에 배도록 하루에

100번씩 말해보세요. 일주일, 열흘, 스무날을 계속하다 보면 입에 익으면서 당신의 '말버릇'이 될 것입니다.

신기하게도 긍정적인 말버릇이 생기면 정말로 기분까지 좋아집니다. 그러면 행동도 진취적으로 바뀌고, 주위에도 긍정적인 기운을 전하니 모두들 당신을 좋게 평가합니다. 세상은 긍정적인 기운을 갖고 진취적으로 뛰어드는 사람에게 더 많은 성공의 기회를 주는 법입니다. 그리고 당신은 두 번 다시 불행해지지 않을 것입니다.

"당신에게 모든 좋은 일들이 눈사태처럼 몰려올 것입니다."

미야모토 마유미

차례

들어가며_ 뭘 해도 안 풀린다면 지금 당장 말버릇부터 바꿔라!   6

인생이 생각대로 흘러가는 '주문'의 말버릇

내가 하는 말은 모두 우주에 보내는 주문   19
꽃을 퍼뜨리는 사람, 똥을 퍼뜨리는 사람   23
무심코 불행언어를 말했을 때의 응급처치법   28
소원은 무조건 현재형으로 말한다   31
우주가 주는 힌트를 알아채는 법   35
우주를 감동시켜야 기적이 찾아온다!   39
바람이 이루어지는 '덕 포인트' 쌓기   42
운을 내 편으로 만든 사람들의 비밀   46

제2장
기회가 연이어 찾아오는 '감사'의 말버릇

"감사합니다."라고 말하면 감사할 기회가 계속 생긴다   53
"이 사람에게 좋은 일이 눈사태처럼 일어납니다."   60
더 감사하고 싶은 일이 생기는 '메아리 현상'   64
'좋은 일 없나?'가 아니라 '나에게는 좋은 일만 일어난다'로!   67
감사는 눈을 보며 전해야 효과 만점!   71

제3장
내가 바라던 모습대로 되는 '연출'의 말버릇

"잘하고 있어."는 정말로 잘하게 되는 말   77
약해질 것 같다면 외쳐보자, '힘! 힘! 힘!'   83
나이도 말버릇 나름! 궁극의 회춘 기술   86
스스로에게 팩트 폭행은 절대 금지!   90
매력적이고 싶다면 '따라쟁이'가 되자   94
내가 먼저 내 편이 되어야 우주도 내 편이 된다   97
운명의 상대? 수행의 상대!   100
맛있게 먹으면 0칼로리!   103
의기소침해질 때 필요한 용기가 샘솟는 주문   106

실패도 모두 성공으로 바꾸는 '역전'의 말버릇

실패가 아닙니다. 과정입니다.   113
불행을 끊어내고 기회를 끌어당기는 마법의 한마디   120
실패는 우주가 내려준 '프리 패스 티켓'   123
"별로야."라는 말은 '별로'인 일을 끌어당긴다   126
행복언어로 해결하지 못할 문제는 없다   129
'걱정이에요'가 아닌 '믿고 있어요'   133

좋은 일만 끌어들이는 '행운'의 말버릇

기분 좋게 지내는 사람에게는 늘 기적이 일어난다   139
"괜찮아, 괜찮아."는 만능약 말버릇   144
말끝만 살짝 바꿔도 기분이 좋아진다   147
좋은 일만 끌어들이는 행복의 한숨   150
'수고하셨습니다'보다는 '정말 멋졌습니다'   153
'기분 망치기 달인'의 공격은 피하는 게 상책   155
재미없는 일만 생각하니까 사는 게 재미없지   158
"좋아요!"라고 말할수록 몸이 더 건강해진다   163
"흥미진진한데?"라는 말로 문제를 해결한다!   167

제6장

상대의 마음을 사로잡는 '칭찬'의 말버릇

칭찬을 아끼지 않는 당신은 '리미티드 에디션' 175
아이를 변화시키는 칭찬 한마디의 힘 178
"나와는 상관없어."라는 말로 질투심을 끊어내자 181
나도 칭찬, 상대도 칭찬, 모두를 칭찬한다 184
상대가 칭찬할 때 잘 받아주는 것도 능력이다 186
좋은 말을 하면 내가 있는 곳이 바로 명당! 189

제7장

돈이 쉴 새 없이 쌓이는 '우주저금'의 말버릇

어마어마한 이자가 붙는 신비한 우주저금 197
돈에게 사랑받는 사람들의 말버릇 201
돈에게 늘 인사해야 돈이 나를 알아본다 206
"돈이 없어."는 절대 금기어! 208
부자가 되는 길은 계단으로 이루어져 있다 210
돈이 들어오는 길을 넓히는 법 214
부자들은 어떤 멋진 행동을 할까? 216
돈이 따르는 사람은 하지 않는 '사서 고생' 218
'바빠 죽겠다'와 '잘나가다 보니 바쁘네' 221
좋아하는 일을 하면서 돈 걱정 없이 살기 224

나오며_ 늘 잘되는 나를 만드는 마법의 말하기 습관 230

내가 하는 말은 모두 우주에 보내는 주문

꽃을 퍼뜨리는 사람, 똥을 퍼뜨리는 사람

무심코 불행언어를 말했을 때의 응급처치법

소원은 무조건 현재형으로 말한다

우주가 주는 힌트를 알아채는 법

우주를 감동시켜야 기적이 찾아온다!

바람이 이루어지는 '덕 포인트' 쌓기

운을 내 편으로 만든 사람들의 비밀

제1장

인생이 생각대로 흘러가는 '주문'의 말버릇

내가 하는 말은
모두 우주에 보내는 주문

어느 날 당신은 카레가 먹고 싶어서 식당에 들어갔습니다. 그런데 '카레를 먹어야지' 생각하면서도 점원에게 "오므라이스 주세요."라고 말해버렸습니다. 얼마 후 점원은 무척 당연하게도 당신에게 오므라이스를 가져다주었습니다.

앞에 놓인 오므라이스를 보면서 당신은 생각합니다.

'에이, 오므라이스네. 사실은 카레가 먹고 싶었는데. 난 왜 이렇게 일이 잘 안 풀리지. 아, 카레 먹고 싶다!'

뭔가 이상하지 않나요? 이것은 누가 봐도 주문을 잘못한 것입니다. 자기가 주문을 잘못해놓고 일이 잘 안 풀린다고 불평해서는 안 되지요. 그렇다면 어떻게 해야 원하는 대로 카레를 먹을 수 있을까요?

단순합니다. 당신이 생각한 그대로입니다. "카레 주세요."라고 주문하면 됩니다. 세상일 대부분은 이토록 간단합니다.

식당에서 점원에게 하는 주문과 마찬가지로, 우리가 내뱉은 말은 모두 우주에 보내는 주문입니다. 당신도 나도 차별 없이 공평하게 태어났으며 이 우주는 지금껏 계속 우리의 주문을 전부 이루어주고 있지요.

주의해야 할 점은 좋은 일이 이루어지듯이 안 좋은 일도 모두 이루진다는 것입니다. '바람'이 이루어진다고 하면 좋은 일에 대한 바람만 이루어진다고 생각하는데 절대로 그렇지 않습니다! 우리가 우주에 보내는 주문은 너무도 직접적이기에 좋은 일이든 좋지 않은 일이든 '그걸 원한다'고 받아들여져 현실로 이루어지게 됩니다. 말하자면 모두에게 공평하게 좋은 말을 하면 좋은 일이 일어나고, 나쁜 말을 하면 나쁜 일이 일어나는 것입니다.

당연히 '즐거워!'라는 말버릇이 있는 사람에게는 더 즐거운 일이 생기고, '재미없어!'라는 말을 달고 사는 사람에게는 더 재미없는 일만 생기게 됩니다. '즐거움'의 안경을 끼고 세상을 사는 사람은 지루한 일에서도 작은 즐거움을 찾고, '재미없음'의 안경을 끼고 있는 사람은 아무리 주위에서 재미있는 일이 벌어져도 이를 알아차리지 못하니까요.

입에서 내뱉는 말은 모두 이루어지니 우리는 무의식적으로 나오는 말에 주의해야 합니다. 나쁜 말은 식당에서 잘못된 주문을 하는 것과 똑같습니다. 원치 않은 이상한 음식을 먹고 싶지 않다면 그런 주문은 하지 않기를 바랍니다.

"

입 밖으로 내뱉은 말은 모두 이루어진다.
그게 좋은 것이든, 나쁜 것이든.

"

꽃을 퍼뜨리는 사람,
똥을 퍼뜨리는 사람

"좋은 말을 하면 좋은 일이 일어나고, 나쁜 말을 하면 나쁜 일이 일어난다."

머리로는 기억하고 있어도 나쁜 말버릇이 잘 고쳐지지 않는 이유는 무엇일까요? 버릇, 즉 이미 습관이 된 것이라 자기 스스로 무슨 말을 했는지 깨닫기 어렵기 때문입니다. 이런 이유로 말에는 '행복언어'와 '불행언어'가 있다는 사실을 꼭 기억하기 바랍니다.

행복언어가 말버릇이 되면 행복을 끌어당겨 천국 같은 인생을 살게 됩니다. 반대로 불행언어가 말버릇인 사람은 불행을 끌

어당겨 지옥 같은 인생을 살게 되지요. 이 행복언어와 불행언어를 화장실 등 눈에 잘 띄는 곳에 붙여두고 매일 바라보며 연습해봅시다.

행복언어를 쓰려면 그전에 해야 할 중요한 일이 있습니다. 바로 자기도 모르게 순간순간 불행언어를 내뱉는 자신을 의식하는 일입니다. 모두가 알다시피 말에는 냄새가 없습니다. 그래서 자신이 불행언어를 내뱉고 있다는 사실을 알아차리지 못하는 경우가 너무 많습니다. 만약 말에도 냄새가 있었다면 너무나 알기 쉬울 텐데 말이죠.

분명 행복언어는 장미처럼 좋은 향기가 날 테고, 그러면 "행복해.", "사랑해."라고 말할 때마다 향기가 풍기면서 사람들에게 호감을 사고 자신의 기분도 좋아질 것입니다. 반대로 불행언어를 말하면 똥 냄새처럼 지독한 냄새가 퍼지면서 주위 사람들이 옆으로 오지 않을 테고, 스스로도 견디기 힘든 냄새 때문에 기분이 나빠질 것입니다.

불행언어의 위력이 얼마나 센지 이미지로 그려볼까요? 똥을 줄줄 흘리면서 걸어가는 사람이 있다고 생각해봅시다. 그는 그

냥 앞을 지나가는 것만으로 모두에게 불쾌감을 주고 피해를 끼칩니다. 그런데 정작 본인은 아무렇지 않은 듯 행동한다면 어떨까요? 안 그래도 악취가 나서 싫은데, 태도까지 그러하다면 더더욱 싫어지겠지요. 지저분한 예를 들어서 정말로 죄송하지만, 앞의 예가 사실이니까 너그러이 이해해주시기 바랍니다.

인간관계가 잘 안 풀리는 원인은 대개가 말 때문입니다. 태연한 태도로 남에게 상처 주는 말을 쏟아내는 것은 똥을 줄줄 흘리는 사람이 모두가 얼굴을 찡그리고 고개를 돌릴 만큼 너무 싫어하고 있는데 정작 본인은 아무 일 없다는 듯 행동하는 것과 다르지 않겠죠.

그래서 저는 이렇게 생각합니다. 말에 냄새가 없는 것은 우주의 작은 배려이구나 하고 말입니다. '냄새까지는 나게 하지 않을 테니 스스로 잘 깨닫고 행복언어를 쓰렴' 하고 배려하는 우주의 세심한 안배라고요.

무심코 불행언어를 말했을 때의
응급처치법

여기에 바람을 가득 넣어 부풀린 풍선이 있습니다. 이 풍선을 바늘로 한 번 찌르면 어떻게 될까요?

펑 하고 단번에 터지거나 바람이 빠지게 되겠지요. 그것도 매우 빠른 속도로 빠집니다. 실은 불행언어도 이것과 마찬가지입니다. '한 번이야 괜찮겠지?'라고 별일 아니라고 생각할 수 있겠죠. 하지만 절대 그렇지 않습니다.

당신을 풍선이라고 생각해봅시다. 행복언어를 쓰면 좋은 에너지가 당신에게 들어가 풍선이 계속 부풀어 오릅니다.

그러다 딱 한 번, "이제 다 별로야."라며 불행언어를 씁니다. 부푼 풍선을 바늘로 한 번 찌르면 어떻게 될까요? 그렇습니다. 불행언어를 쓰는 순간, 이제껏 열심히 부풀린 풍선에 구멍이 나면서 좋은 에너지가 순식간에 빠져나갑니다.

터지지 않은 것은 일단 다행이지만, 바람이 다 빠져버린다면 큰일입니다. 하지만 지금까지는 괜찮습니다. 그럴 때 할 수 있는 응급처치가 있으니까요!

풍선에 구멍이 나면 바람이 다 빠지기 전에 재빨리 테이프를 붙여 구멍을 막으면 됩니다. 구멍을 막는 데 쓸 테이프가 바로 행복언어입니다. 자신이 불행언어를 말하고 있다는 사실을 깨달았다면 말이 안 되어도 좋으니 곧장 행복언어를 이어서 말해 봅시다.

"진짜 최악이네…… 아냐, 아냐, 운이 좋아! 운이 좋아."
"다 별로야, 다 재미없어…… 가 아니라, 좋아! 힘이 난다!"

이것이 불행언어를 내뱉어버렸을 때의 응급처치법입니다.

스스로 깨달을 때마다 이렇게 하면 불행언어를 쓰는 횟수가 열 번에서 아홉 번, 차차 다섯 번으로, 응급처치를 반복하는 사이에 계속 줄어들 것입니다. 그러니 처음에는 불행언어를 쓰는 자신을 의식하기만 해도 100점이라고 생각하도록 합시다. "난 참 기특해." 하고 스스로를 칭찬해줍시다. 그렇게 습관을 들이면 그동안 무의식적으로 내뱉고 다니던 불행언어를 쓰지 않게 되고, 결국에는 행복언어가 말버릇으로 자리 잡게 될 것입니다.

소원은 무조건
현재형으로 말한다

오늘도 '내 소원은 하나도 이루어지지 않아'라고 생각하는 당신. 그 이유 중 하나는 소원을 비는 방법이 잘못되었기 때문인지도 모릅니다. 당신은 우주에 소원을 빌 때 어떤 식으로 기도하나요?

"부자가 되고 싶어요."
"행복해지게 해주세요."

이렇게 '○○가 되도록' 하면서 빌고 있지 않나요? 그 말 뒤에는 '지금 저는 불행해요', '지금 저는 부자가 아니에요'라는 말이 숨어 있습니다. 그러면 슬프게도 현재의 '불행'한 상황이 계속 이어지니 참으로 무서운 일이 아닐 수 없습니다.

소원을 빌 때도 비결이 있습니다. 우주에는 과거도 미래도 없고 오로지 '현재'뿐입니다. 그러니 우주에 전해졌으면 하는 미래의 일도 이미 이루어진 것처럼 말해봅시다.

"저는 행복합니다. 감사합니다."

이렇게 말하면 더 좋은 일이 생기게 됩니다. "저는 행복합니다." 하고 단언하면 당신의 뇌가 '나의 어떤 부분이 행복한 거지?' 하고 머리를 굴려 생각을 시작하기 때문이지요.

그러면 '살 곳이 있으니 행복하다', '매일 맛있는 밥을 먹을 수 있으니 행복해', '일을 할 수 있어서 행복하지' 하고 생각하게 됩니다. 이렇게 뇌가 '나는 행복하구나'라고 여기면 다음에는 '더 행복해지려면 어떻게 해야 하지?' 하고 행복해지는 행동을 취하기 시작합니다.

그리고 그때 반드시 "감사합니다."라는 인사도 잊지 않도록 합시다. 왜냐고요? 그야 소원을 빌면서 감사 인사까지 하는 사람을 보면 우주도 이를 거절하기 힘들 테니까요.

'그렇구나. 네가 행복하다니 나도 기분이 좋다. 그렇게 감사 인사까지 하니, 내가 사실 조금 바쁘지만 너에게 먼저 행복을 전해줘야겠구나.'

이렇게 우주는 당신에게 더한 행복을 전해주게 됩니다. 이것은 사람에게 무언가를 부탁할 때도 마찬가지입니다.

일본 최고의 부자인 사이토 히토리 씨는 누군가에게 부탁할 때 "이 일 좀 부탁할 수 있을까? 고마워.", "늘 도움을 많이 받고 있어. 고마워."라고 반드시 상대방을 칭찬하고 감사 인사를 합니다.

그렇게 말해주는 사람을 위해서라면 도와주고 싶다, 도움이 되고 싶다, 열심히 해야겠다는 마음이 들기 마련입니다. 자연스레 몸이 움직이게 되는 법이지요. 이런 걸 보면 사이토 히토리 씨는 정말로 사람의 마음을 잘 아는 천재라는 생각이 듭니다.

내가 상사니까, 내가 선배니까, 상대방이 어리니까 "이거 해 봐." 하고 고압적인 태도로 대하면 절대로 사람들의 호감을 살 수 없습니다. 인간은 칭찬하고 감사할 줄 아는 사람을 위해 그 기대에 부응하고자 열심히 노력하는 생물입니다. 사람의 마음을 움직이는 '고마워'라는 한마디의 말, 그것은 사람뿐만 아니라 세상의 마음도 움직이는 최고의 말입니다.

우주가 주는 힌트를
알아채는 법

사람들과 이야기를 하다 보면 의외로 "제 소원을 말로 표현하지 못하겠어요."라는 사람을 많이 만납니다. 하지만 잘 생각해봅시다. 앞에서 이야기한 식당에서의 주문처럼 카레를 먹고 싶은데 오므라이스를 시키면 안 되는 것이죠. 자신의 인생을 뜻대로 풀어가고 싶다면서 스스로도 무엇을 원하는지 명확히 이야기하지 못한다면 제아무리 우주라도 알 수가 없지 않을까요?

택시에 타서 "어디 멀리 가주세요."라고 말했다고 합시다. 기사님은 얼마나 당황스러우실까요. "네? 멀리요? 어디를 얼마나 멀리요?" 하고 반문할 게 뻔합니다. "도쿄 스카이트리까지 가주세요." 이렇게 가고 싶은 목적지를 구체적으로 말하면 어떨까요? 택시 기사는 아무 고민 없이 최단경로로 당신을 목적지까지 데려다줄 것입니다.

우주의 도움도 마찬가지입니다. 당신이 '나는 앞으로 어떻게 되고 싶은가?'라는 목표를 구체적으로 그려서 말로 전달하면 '오케이, 알겠어!' 하고 우주가 응답하게 되는 것이죠.

그러면 우주는 무엇을 선물로 줄까요? 바로 '번뜩이는 생각'을 당신에게 내려줍니다.

말을 하고 나서 '저기 가봐야지', '이 책을 읽어볼까?' 하고 문득 생각이 번뜩인다면 지나치지 말고 이를 실천으로 옮겨 봅시다. 그러면 예상치 못한 사람을 만나 도움을 얻기도 하고, 새로운 지식을 얻는 등 자신의 인생에 힌트가 될 만한 일들이 기다리고 있을 것입니다.

저는 이것을 '우주의 힌트'라고 부릅니다.

우선은 설레는 마음으로 당신의 목표에 대해 그려봅시다. 예를 들면 '인기가 많아졌으면 좋겠다'를 목표로 삼았다고 해봅

시다. 그런데 지금 친구가 한 명도 없다면 우선은 '친구 한 명 만들기'라는 작은 목표를 정합니다. 천 리 길도 한 걸음부터라고 하지 않던가요. 한 걸음씩 걸어가다 보면 어느새 '벌써 반이나 왔네' 하는 생각이 들 것입니다. 그렇게 우주가 주는 힌트에 따라 한 걸음씩 걸어가듯이 친구가 한 명 생겼다면 다음에는 세 명, 다음에는 열 명으로 목표를 바꿔 진행하면 됩니다. 그러면 어느새 인간관계가 원활해지고 인기도 많아질 것입니다. 당신이 이 책을 펼치게 된 것도 우주의 아이디어에서 비롯됐습니다. 이미 당신은 바람을 이루는 길에 발을 내딛기 시작한 셈입니다.

우주를 감동시켜야
기적이 찾아온다!

사이토 히토리 씨의 지인들 사이에서 '우주에 보내는 응원'이 인기입니다. 교회나 절에 가서 소원을 비는 것이 아니라, 늘 도움을 주는 만물의 존재를 응원하고 "저는 지금 정말로 행복합니다.", "우주에 저의 행복과 에너지를 전합니다."라며 감사와 애정을 전달하는 것입니다.

어느 날 사이토 씨에게 이렇게 물은 적이 있습니다.
"사이토 씨는 어떤 소원을 비나요?"
그러자 사이토 씨는 빙그레 한 번 웃고는 이렇게 말했습니다.

"우주는 늘 우리 인간들의 소원을 들어주느라 힘이 들겠죠? 그래서 나는 우주가 힘을 낼 수 있도록 좋은 에너지를 보내줍니다."

저에게 새로운 눈을 뜨게 해준 무척 놀라운 대답이었습니다. 역시 사이토 씨는 뭐가 달라도 다르구나, 최고의 부자가 될 만한 행동을 하고 있구나 하고 감동했더랬죠.

우주는 매일 많은 사람들에게 다양한 부탁을 받습니다.

"부자가 되고 싶어요."
"대학에 붙게 해주세요."
"여자친구가 생기도록 해주세요."
"결혼하고 싶어요."
"행복해지고 싶어요."
"아이를 갖게 해주세요."

이렇게 많은 사람이 우주에 대고 소원을 빕니다. 특별한 날이면 사람들이 교회나 절 앞에 줄지어 서 있을 정도니 우주는 모두의 소원을 듣는 것만으로도 무척이나 피곤하지 않을까요?(우주도 지친다는 것은 어디까지나 제 생각입니다.)

모두들 '이것이 필요하다', '저렇게 되고 싶다'며 부탁만 하는 가운데 "저는 매우 행복합니다. 이런 행복을 주셔서 감사합니다.", "우주에 저의 행복과 에너지를 전달하러 왔습니다."라고 말하는 사람을 만난다면 그야말로 목마른 사막에서 시원한 물 한 잔을 마신 것처럼 감격스럽지 않을까요? 그리고 우주도 그런 착한 마음을 지닌 사람의 편에 서서 도와주고 싶은 마음이 들 것입니다.

이 책을 읽고 계신 여러분도 "행복하다. 감사합니다.", "오늘도 즐거운 하루였어. 감사합니다.", "우주에 저의 행복과 에너지를 보냅니다." 하고 감사의 말을 전해봅시다. 분명 생각지도 못한 굉장한 기적이 일어날 것입니다.

바람이 이루어지는
'덕 포인트' 쌓기

'그렇게 실력이 뛰어난 것도 아닌데 저 사람은 왜 늘 일이 잘 풀리지?'

주변을 둘러보면 이런 생각을 들게 만드는 사람이 한 명쯤은 있습니다. 보통 우리는 이럴 때 시기와 질투심에 '무슨 다른 연줄이 있는 거 야냐?'라고 생각해버리곤 하죠. 하지만 제 생각은 다릅니다. 그 사람은 분명 '음덕 포인트'를 쌓은 것이라 생각합니다. 이것이 무엇이냐면 남들 모르게 덕을 쌓는 것을 말합니다. 조용히 선한 행동을 해나가는 것을 의미하는데, 조금 어렵지만 '음덕'陰德이라고 표현합니다.

음덕을 쌓는 것은 물건을 사면서 포인트를 적립하는 것과 비슷합니다. 계속해서 포인트를 쌓으면 나중에 그 포인트로 맛있는 음식을 무료로 먹거나 다른 물건을 살 수도 있지요. 그래서 음덕 포인트가 쌓이면 좋은 일이 계속 일어나고 자연스레 일이 잘 풀리게 되는 법입니다.

주변에 혹시 이런 사람이 있지 않은가요? 무언가 힘든 문제가 있거나 매우 나쁘거나 싫은 일이 일어나도 '그 일이 있었던 덕분에 지금의 내가 존재할 수 있지'라고 말하는 사람과 '그 일 때문에 이 모양 이 꼴이 됐어'라고 말하는 사람, 우리 주변에는 이렇게 두 종류의 사람이 있습니다. 그리고 그 차이를 만드는 것이 바로 '음덕'이고요. 음덕을 많이 쌓은 사람일수록 포인트가 적립되어 있으니 남들이 보기에는 매우 힘든 문제마저도 더 좋은 일로 바꿀 수 있는 것입니다. 당신이 둘 중 어느 쪽에 속하나요?

사이토 히토리 씨는 이렇게 말합니다.
"일은 어떤 기술이라고 생각하고 외국의 경영 방식을 따라 하거나 연구한다고 해서 잘되는 게 아니에요. 나는 그렇게 해본

적이 없습니다. 그것보다도 어떻게 하면 모두가 행복해할 물건을 만들지를 생각하지요. 기술보다도 덕을 많이 쌓는 것을 생각하는 편이 행복해지고 성공하는 길입니다."

저는 좋은 말버릇도 음덕의 하나라고 생각합니다. 누가 듣고 있든 또 듣고 있지 않든 우주가 내 편에 설 만한 좋은 말을 하는 것입니다. 아무도 듣지 않은들 어떻습니까? 내가 듣고, 우주가 듣고 있습니다.

"행복해.", "즐거워.", "기쁘다."라는 행복언어는 물론이고 우주에 보내는 응원으로 음덕 포인트를 가득 쌓아봅시다!

운을 내 편으로 만든
사람들의 비밀

우주는 어떤 사람을 지키고 도와줄까요? 사이토 히토리 씨는 늘 미소 띤 얼굴로 제게 이렇게 말했습니다.

"이 세상에 존재하는 모든 것은 우주의 원리, 우주의 법칙에 따른 것이에요. 그러기에 인간의 소원 같은 건 아주 사소한 일이지요. 예를 들어서 마유미 씨 한 사람을 억만장자로 만드는 것쯤은 너무나 쉬운 일입니다. 그렇게 되려면 어떻게 해야 할까요? 맞아요. 우주를 내 편으로 만들면 됩니다. 만물의 기운이 함께하는 사람은 어떤 이들일까요? 아주 간단해요. 우주를 돕는 사람들입니다. 무슨 이야기냐면 우주라는 절대자가 인간이 되어 이 지구상에 있다면 무엇을 할지 생각해서 행동하는 거예요. 누구에게나 친절하고, 상냥하며, 애정을 쏟는 것이지요. 주위 사람들이 밝아지도록 웃는 얼굴로 이야기하고, 스스로를 소중히 여기면 됩니다. 마유미 씨도 우주를 도우세요. 우주가 함께하면 당신의 소원 같은 건 금방 이뤄줄 거니까요."

'우주라는 절대자'라고는 했지만 종교와는 관계없습니다. 우리 인간은 우주의 일부분인 존재입니다. 그러니 여러분이 스스로를 소중히 여기고 행복하게 지내면 그 에너지가 우주에 전달됩니다. 우리 인간과 저 위의 우주는 전화선처럼 연결되어 있는 관계라고 생각하면 이해하기 쉽습니다.

만약 만물을 관장하는 존재가 누군가의 몸을 빌려 지상에 내려온다면 어떤 일을 할지 생각해서 그대로 행동해봅시다.

그 사람이 남들에게 나쁜 짓을 하고 나쁜 말을 할까요? 물론 그렇지 않겠죠. 사람들을 상냥하게 대하고 힘을 낼 수 있도록 격려하고 좋다는 모든 것을 이뤄주려 할 것입니다. 이렇게 우주가 인간에게 해주려는 일을 당신이 스스로 행한다면 우주는 분명 기뻐할 것이고 도움을 준 당신에게 선물을 주고, 늘 지켜주

고 싶어질 것입니다. 그런 우주가 기뻐할 만한 도움을 주는 수
단이 바로 입으로 내뱉는 말, '말버릇'입니다.

말버릇에는 돈이 한 푼도 들지 않습니다. 그런데도 효과는 만
점입니다. 단 한마디의 행복언어를 내뱉기만 해도 나와 주위 사
람들이 밝아지고 힘이 나니, 우주에는 최고의 도움인 셈입니다.

우주에 보내는
주문으로
나의 인생이 만들어진다

- 좋은 일이든 나쁜 일이든 입 밖으로 낸 말은 모두 이루어집니다.

- "저는 행복합니다. 감사합니다." 소원을 이루고 싶다면 당신의 믿음이 이미 이루어진 것처럼 기도하십시오.

- 마음속으로 바라는 구체적인 목표를 그리며 이를 말로 내뱉으면 우주가 힌트를 줍니다.

- 음덕 포인트를 차근차근 쌓으면 나중에 행복으로 바꿀 수 있게 됩니다.

"감사합니다."라고 말하면 감사할 기회가 계속 생긴다

"이 사람에게 좋은 일이 눈사태처럼 일어납니다."

더 감사하고 싶은 일이 생기는 '메아리 현상'

'좋은 일 없나?'가 아니라 '나에게는 좋은 일만 일어난다'로!

감사는 눈을 보며 전해야 효과 만점!

제2장

기회가 연이어 찾아오는
'감사'의 말버릇

"감사합니다."라고 말하면
감사할 기회가 계속 생긴다

"감사합니다."

저는 '감사합니다'가 기적을 일으키는 마법의 말버릇이라는 사실을 직접 체험한 사람입니다. 교토에 '긴자 마루칸'이 세워진 이래 우리 지점에는 이 '감사합니다'라는 말이 끊이지 않습니다. 전화를 받을 때든 누구를 만났을 때든 늘 하는 인사말처럼 되었지요. 처음에 어색해하던 사람들도 계속 연습을 하다 보니 이제는 자연스레 말하곤 합니다.

물론 저도 처음부터 이러한 말버릇을 가지고 있지는 않았습니다. 변하게 된 계기는 사이토 히토리 씨를 만나 가르침을 얻기 시작하면서였지요. 사이토 씨는 '감사합니다'라는 말이 지닌 굉장한 힘에 대해 이렇게 말했습니다.

"'감사합니다'는 '고마워'보다 위에 있는 최고의 말이에요. 사람들은 말이 가진 힘을 가볍게 생각합니다. 그래서 아무렇지도 않게 불평불만을 늘어놓고, 욕설과 걱정, 좋지 않은 말을 합니다. 사실은 바꾸는 편이 좋은데 말이지요.

인생이란 그 사람의 말 그 자체거든요. 말에서 마유미 씨의 인생이 태어난 겁니다. 자신의 운명도, 환경도, 역경도, 인간관계도, 돈도, 과거나 미래도. 그리고 오셀로 게임의 검은 바둑알처럼 어떤 나쁜 일도 아주 쉽게 새하얀 바둑알처럼 좋게 바꿀 수 있는 것이 바로 '말'입니다.

나는 태어나서 지금까지 한 번도 힘들었던 적이 없어요. 그건 '감사합니다'라는 말을 소중하게 여긴 덕분이라고 생각해요. 믿는 사람에게 기적을 일으키는 말이거든요."

그 말을 듣고 저는 더 이상 흔들 수 없을 만큼 머리를 위아래로 끄덕였습니다. 말은 당장이라도 할 수 있고, 돈도 들지 않기 때문이죠. 사이토 씨에게 '감사합니다'를 배운 후로 저는 쭉 이 말을 계속했습니다. 그러자 원래 보험회사에서 평범한 사무직원으로 일하던 제가 억만장자로 이름을 올리게 되는 일도 현실로 일어났습니다.

무엇을 하든 잘 풀리는 사람과 반대로 무엇을 해도 일이 꼬이는 사람의 가장 큰 차이는 '감사'입니다. 보통 사람들은 '좋은 일'이 생길 때만 감사해합니다. 그래서 감사하는 횟수가 매우 적습니다.

하지만 그보다는 '나쁜 일'에도 감사하라고 말하고 싶습니다. 다른 사람에게 속았을 때, 원망하며 우는소리를 해봐야 지나간 일은 바꿀 수 없는 법입니다. 그렇다면 "이번 일을 겪으면서 세상에 이런 사람도 있다는 걸 배웠어. 이제 두 번 다시는 속지 않을 거야!" 하고 긍정적인 방향으로 핸들을 돌리고 나쁜 일에도 감사해봅시다. 틀림없이 다음부터는 절대 속지 않게 될 것입니다. 그렇게 매사에 감사하는 사람은 제대로 된 교훈을 얻으니 무슨 일이든 긍정적으로 받아들이게 되고, 일이 착착 진행되며 반드시 성공할 수밖에 없습니다.

감사가 부족한 사람은 "나를 속인 나쁜 인간!", "내가 학력이

> 인생이란 그 사람의 말 그 자체이다.
> 말에서 그 사람의 인생이 태어나는 법이다.

좋지 못한 건 부모 탓이야.", "내가 회사에서 인정받지 못하는 건 상사 때문이야."라며 불만, 원망, 시기만 늘어놓기 때문에 아무리 시간이 지나도 깨달음이 없습니다. 마치 끝이 없는 불행언어의 늪에 빠진 사람처럼 말이죠. 부정적인 방향으로 생각해 무엇이든 남 탓으로 돌리다 보니 이 일도 저 일도 모두 잘 풀리지 않는 것이지요.

무슨 일이 생겼을 때는 확실하게 긍정적인 방향으로 핸들을 꺾고 "책임은 100퍼센트 나한테 있어.", "지금은 그때 나를 속였던 상대방에게 감사해."라고 말할 수 있어야 합니다. 그래야 인생이 좋은 방향으로 굴러갈 수 있습니다.

좋은 일이든 나쁜 일이든 감사할 줄 아는 사람은 인생이 술술 풀립니다. 부모에게도 형제자매에게도 이웃, 직장 동료와 상사, 그리고 우주에도 감사를 보내봅시다. 그리고 무엇보다도 자신을 위해 가장 열심히 뛰고 있는 나 자신에게도 감사해야 한다는 것을 잊지 말기를!

감사할 줄 아는 사람에게는 반드시 도움을 주는 이가 나타나

는 법입니다. 그러니 좋은 일에도 나쁜 일에도 모두 감사합시다. 남에게도, 나 자신에게도!

세상에 정말로 성공한 사람이 적은 까닭은 이렇게 모든 일에 감사할 줄 아는 사람이 드물기 때문입니다. 저도 아직 모든 일에 감사함을 느끼는 경지에 이르지 못했지만, 그러한 경지를 목표로 노력하고 있습니다. 여러분도 이제부터 "감사합니다."라는 말버릇으로 성공의 기회를 끌어당기기 바랍니다. 그리고 기적처럼 멋진 인생을 시작하도록 합시다.

"이 사람에게 좋은 일이
눈사태처럼 일어납니다."

사이토 히토리 씨를 만나고 얼마 되지 않았을 무렵에 그분에게
서 이런 멋진 말을 배웠습니다.

"오늘부터 만나는 사람, 길에서 스쳐 지나가는 사람, 모든 이
들에게 '이 사람에게 온갖 좋은 일이 눈사태처럼 일어납니다.'
라는 말을 마음속으로라도 좋으니 중얼거려보세요. 하루에
100명씩, 1,000일 동안 실행해보는 겁니다."

'좋은 이야기를 들으면 바로 실천하자'가 좌우명인 저는 당장
만나는 사람들마다 "이 사람에게 좋은 일이 눈사태처럼 일어납

니다." 하고 중얼거리기 시작했습니다.

그런데 아주 좋아하는 상대방에게는 쉽게 말이 나왔지만, 제가 불편하게 여기는 사람, 싫어하는 행동을 하는 사람에게는 좀처럼 입이 떨어지지 않았습니다. 당연한 일이겠죠. 하지만 포기하기에는 이릅니다. 그럴 때는 '알고 보면 이 사람의 영혼은 정말로 좋은 사람이다' 하고 스스로를 납득시켰습니다.

"이 사람의 영혼에게 말합니다. 이 사람에게 좋은 일이 눈사태처럼 일어납니다."

그렇게 계속 생각하자 신기하게도 점점 변화가 나타나기 시작했습니다. 제가 그 사람을 점차 싫어하지 않게 되거나, 상대방이 제가 싫어하는 행동을 하지 않게 된 것입니다.

더 신기한 것은, 이 말을 계속하니 늘 기분 좋은 상태가 되어서 상냥해지고 마음 깊은 곳에서 감사하는 마음이 끓어넘치는 것이었습니다. 남의 행복을 빌었는데 정작 제가 가장 행복해진 것이지요.

그렇게 1,000일이 지났을 때 사이토 히토리 씨가 제게 말했습니다.

"마유미 씨 얼굴이 좋아졌어요. 운을 부르는 얼굴이 되었네요. 다른 사람의 행복을 빌면 얼굴에도 그 마음이 나타나는 법이에요. 이제 당신이 두 번 다시 불행해질 일은 없습니다."

이 말은 마음속으로 중얼거리기만 해도 됩니다. 하루에 100명이라니 너무 힘들겠다고요? 그렇지 않습니다. 예를 들어 횡단보도에서 신호가 바뀌기를 기다릴 때나 전철을 타고 있을 때, "이 자리에 있는 사람들에게 온갖 좋은 일이 눈사태처럼 일어납니다." 하고 중얼거리기만 해도 숫자가 껑충 뛰어오르니 말입니다! 단번에 그 자리에 있는 모든 사람들의 행복을 빌어주는 큰 스케일에 취해보는 것도 재미있겠지요.

시골에 살아서 하루에 100명의 사람을 만날 수가 없다고요? 그럼 열 명도 괜찮고 다섯 명도 괜찮습니다. 밖에 나가지 않는 날에는 TV에 나오는 사람들을 향해 말하는 것도 방법입니다. 재미있는 게임이라고 생각하면 훨씬 쉬워질 것입니다. 지금 어디에 있든지 마음속으로 한번 말해보세요.

"이 책을 읽고 있는 당신에게도 모든 좋은 일이 눈사태처럼 일어납니다."

더 감사하고 싶은 일이 생기는
'메아리 현상'

제1장에서 '입 밖으로 내뱉은 말은 좋은 일이든 나쁜 일이든 모두 이루어진다'라고 이야기했습니다. 사실 더 자세히 말하면 그냥 이루어지는 것이 아니라, 입 밖으로 내뱉은 말은 몇 배가 되어 되돌아오게 됩니다.

산에 올라가 "야호!" 하고 소리를 지르면 "야호!" 하고 메아리가 몇 번이고 울리는 걸 본 적 있나요? 그것과 똑같습니다. 그래서 저는 이를 '메아리 현상'이라고 부릅니다. "감사합니다." 하고 말하면 그냥 감사할 일이 한 번 일어나는 데 그치지 않고,

더 많이 감사하고 싶어지는 아주 멋진 일이 생기게 되는 것이
지요.

　이때 한 가지 주의해야 할 것이 있습니다. 이 '메아리 현상'에
서 조심해야 할 것은 좋은 일뿐만 아니라, 나쁜 일도 몇 배로 크
게 되돌아온다는 사실입니다. "짜증 나."라고 말하면 '더 짜증
나는' 일이 여러 번 발생하게 됩니다. '엎친 데 덮친 격', '설상가
상'이라는 말이 있듯이 점점 더 나쁜 일이 생기는 것입니다.

가령 전철에서 누군가에게 발을 밟혔다고 해봅시다. "아, 진짜 짜증 나!"라는 말을 신경질적으로 내뱉고 전철에서 내렸는데, 맞은편에서 휴대폰을 보며 걸어오는 사람과 부딪혀 크게 넘어지기까지 합니다. 그렇게 발도 삐끗하고 온몸이 아파 치료를 받으러 병원에 갔는데 마침 병원이 쉬는 날이더라는 식입니다. 우리의 삶에선 이런 불행의 더블 펀치, 트리플 펀치와 같은 일들이 일어나곤 합니다.

말의 힘은 이토록 절대적입니다. 메아리 현상을 잘 이용해 불행의 연쇄를 끊어버리고 감사하고 싶은 좋은 일을 불러 모으길 바랍니다.

'좋은 일 없나?'가 아니라
'나에게는 좋은 일만 일어난다'로!

"뭐 좋은 일 좀 없나?"

만날 때마다 이런 말을 하는 사람을 볼 때 어떤 생각이 드나요? 제게는 왠지 모르게 행복과는 너무도 거리가 멀 것 같은 말버릇으로 느껴집니다.

"뭐 좋은 일 좀 없나?"를 "나에게는 좋은 일만 일어난다!"로 바꿔보면 어떨까요? 그러면 뇌는 '오늘은 어떤 좋은 일이 있었지?' 하고 하루를 돌이켜보게 됩니다. '동료가 커피를 사줘서 기분이 좋았어', '오랜만에 친구들과 점심을 먹으며 즐거운 시간

을 보냈지', '멋진 원피스를 싸게 샀어' 하고 계속 좋은 일을 생각해내게 됩니다.

그러면 이미 일어났던 감사할 일을 잔뜩 발견할 수 있습니다. 감사하면 또 감사하고 싶어지는 행운의 연쇄작용이 일어나는 것이죠.

예를 들어 애인이 생겼으면 좋겠다고 생각하는 사람도 마찬가지입니다. "어디 좋은 사람 없어?" 하고 주위 사람들에게 맨날 물어보고 있지는 않은가요? 그렇게 행복과 거리가 먼 말을 하는 사람에게 친구를 소개해줄 사람은 없습니다. 너무 냉정하게 들리겠지만 마치 구걸하듯 '아무나 좋으니 소개해줘!'라고 여기저기 말하고 다니는 사람을 친구에게 소개시켜주고 싶지는 않은 법이니까요.

그보다는 "내 주위에는 좋은 사람들만 있어."라고 바꿔 말합시다. 그러면 뇌는 당신의 인생을 되짚어보기 시작합니다. '믿을 만한 친구들이 있으니 참 행복해', '서로 격려해줄 동료들이 있다니 다행이야', '엄격하기는 해도 많은 걸 알려주는 상사가 있어서 든든해' 하고 주위 사람들에게 감사해하다 보면 어느 순간 주변 사람들이 달리 보일 것입니다. 주변 사람들도 당신의 변화를 느끼고 당신에 대해 더 좋은 인상을 갖게 되겠죠. 그러면 좋은 만남의 기회 역시 확연히 늘어날 것입니다.

감사는 눈을 보며 전해야
효과 만점!

일본에는 예전부터 굳이 말로 하지 않아도 알아차리는 것을 미덕으로 여기는 문화가 있습니다. 부부나 가족 등 가까운 사람일수록 표현하기를 쑥스러워해 "말하지 않아도 알지?" 하고 감사를 전하는 데 소홀한 사람이 많은 게 사실입니다.

　하지만 감사는 그 자리에서 알맞은 때에 바로 전하는 것이 가장 중요합니다. 앞서 가던 사람이 문을 열어주었을 때, 택시 기사가 친절하게 인사를 건넸을 때, 부인이 도시락을 싸줬을 때, 남편이 꽃을 선물했을 때, 아이가 집안일을 도왔을 때 등 감사할 일은 차고 넘칩니다.

그럴 때 아무리 마음속으로 감사해봐야(음덕은 쌓이겠지만) 말로 상대방에게 전하지 않으면 소용이 없습니다. 부끄럽다, 쑥스럽다는 마음은 잘 압니다. 저 역시 그랬습니다. 하지만 이 책을 읽고 말버릇을 바꿀 생각이라면 알맞은 때에 바로 감사의 말을 전하도록 노력할 필요가 있습니다. 오늘 당장 상대방의 얼굴을 바라보며 감사의 말 한마디를 전해보면 어떨까요?

"감사합니다."
한마디가
기적을 끌어당긴다

- 무슨 일을 해도 잘되는 사람과 그렇지 않은 사람의 차이는 '감사'에 있습니다. 나쁜 일에도, 또 나 자신에게도 감사합시다.
- "이 사람에게 온갖 좋은 일이 눈사태처럼 일어납니다." 다른 사람의 행복을 빌어주면 내가 가장 행복해집니다.
- "뭐 좋은 일 좀 없나."라는 말을 "나에게는 좋은 일만 일어난다."로 바꾸면 소용돌이치듯 더 큰 행복이 찾아옵니다.
- 감사의 말은 그 자리에서 직접 전달할 때 가장 큰 효과를 발휘합니다. 감사를 전할 때는 꼭 눈을 보고 이야기합시다.

"잘하고 있어."는 정말로 잘하게 되는 말

약해질 것 같다면 외쳐보자, '힘! 힘! 힘!'

나이도 말버릇 나름! 궁극의 회춘 기술

스스로에게 팩트 폭행은 절대 금지!

매력적이고 싶다면 '따라쟁이'가 되자

내가 먼저 내 편이 되어야 우주도 내 편이 된다

운명의 상대? 수행의 상대!

맛있게 먹으면 0칼로리!

의기소침해질 때 필요한 용기가 샘솟는 주문

제3장

내가 바라던 모습대로 되는
'연출'의 말버릇

"잘하고 있어."는
정말로 잘하게 되는 말

'거대한 아우라를 풍기는 사람이 되고 싶다'라고 생각하는 사람이 많습니다. 그런데 아우라란 과연 무엇일까요?

아우라를 이해하기 쉽게 설명하면 '흘러넘치는 에너지'라고 할 수 있습니다. 에너지는 자동차를 달리게 하는 연료입니다. 기본적으로는 모든 사람이 아우라를 지니고 있지만, 에너지가 아슬아슬하게 남은 사람에게서는 그것을 느낄 수 없습니다. 반대로 에너지가 많아서 몸에서 넘쳐흐르는 사람에게는 큰 아우라를 느낄 수 있는 것이고요.

어릴 때 많이 하던 격투 게임을 떠올려봅시다. 처음 시작할 때 상단에 캐릭터의 에너지가 표시되고, 적에게 공격을 당하면 한 칸씩 에너지가 줄어들지 않나요? 그렇게 누구든 지금 자신의 에너지를 볼 수 있다면 좋으련만, 인간의 머리 위에는 에너지 표시가 없으니 현재 자신의 에너지 상태를 알기란 쉬운 일이 아닙니다.

하지만 왠지 기분이 가라앉는다거나 자신감이 없을 때는 에너지가 한없이 바닥에 가까워져 있다는 것을 느낄 수 있습니다. 이때는 입에서도 "나 같은 게 어떻게…….", "나는 어차피 ○○니까……." 하고 스스로를 폄하하거나 기운 없는 말만 나오기 쉽습니다.

그렇다면 어떻게 해야 에너지를 채우고 아우라를 묵직하게 풍길 수 있을까요? 간단합니다. 여러분은 배가 고플 때 어떻게 하나요? 배를 든든하게 채워주는 밥이나 맛있는 것을 먹겠죠? 마찬가지로 바닥난 에너지를 든든하게 채워주는 마음의 밥은 바로 '칭찬'입니다. 가령 당신이 의기소침해져 기운이 없을 때 누군가에게 "오늘 정말 예쁘시네요!"라는 칭찬을 듣는다면 어

떨까요? 왠지 모르게 갑자기 기운이 나면서 언제 우울했냐는
듯 기분이 좋아질 것입니다. 칭찬은 에너지를 불어넣는 힘이
상당하니까요.

　하지만 문제가 있습니다. 다른 사람이 언제 나를 칭찬해줄지
알 길이 없습니다. 하루 종일 에너지를 못 받고 쓰러질지도 모

를 일입니다. 자칫 잘못하면 평생 기다리기만 하다가 인생이 끝나버릴지도 모르죠. 그렇게 누군가 칭찬해주기를 바라기보다는 스스로에게 칭찬하는 것을 말버릇으로 삼고 절묘한 타이밍에 에너지를 채우는 편이 확실한 방법입니다. 그러니 스스로를 칭찬하고, 칭찬하고, 또 칭찬합시다!

"아침 일찍 일어나다니 대단해!"
"오늘 패션 좀 멋진 듯?"
"매일 착실하게 회사에 다니는 나는 참 기특해!"
"회의 자료를 이토록 빨리 준비하다니, 나 살짝 천재인가 봐!"

정말로 사소한 일이라도 괜찮으니 자신을 철저히 칭찬하고 또 칭찬합시다. 제1장에서 이야기한 '우주에 보내는 응원'처럼 자기 자신을 응원하는 것입니다. 자신을 칭찬하면 에너지 바가 계속 채워지게 됩니다. 그러면 스스로가 좋아지고 자신감이 생기면서 아우라도 커집니다. 흘러넘치는 에너지를 계속해서 발산하게 되면 또 다른 아우라가 큰 사람들을 매료시키게 되고 행운도 끌어들이니 인생이 잘 풀릴 수밖에 없습니다.

반대로 성격도 좋고 실력도 있는데 비해 제대로 평가받지 못하는 사람, 인생이 잘 안 풀리는 사람은 스스로를 칭찬하는 데 인색합니다. 자신의 장점보다도 단점이나 부족한 부분에만 눈이 가서 늘 에너지가 부족합니다. 그러면 실제로 자신이 지닌 실력을 제대로 발휘하지 못합니다. 이것을 조금 어려운 말로 '자기효능감'이라고 합니다.

인간이라면 누구든지 '나는 가치 있는 인간이다', '나는 필요한 사람이다'라는 기분을 갈망하기 마련입니다. 이러한 자존감이 부족하면 인간은 살아갈 수 없습니다. 이러한 자존감이 채워지지 않으면 어떻게 될까요? 항상 남들의 칭찬을 바라거나, 자기보다 약한 입장에 있는 사람에게 위압적인 태도를 보이기 쉽습니다. 또 상대방의 동정을 살 만한 행동이나 우는소리, 불평불만을 늘어놓고, 급기야 병을 앓는 사람도 있습니다. 즉 '어서 빨리 줘. 지금 필요하니까 당장!' 하고 남들에게서 에너지를 빼앗아 자신의 자존감을 채우려고 합니다.

다시 말해 일일이 남과 엮이지 않고는 살아가지 못하는 '민폐'를 끼치는 인간이 되어버리는 것입니다. 남들에게 민폐를 끼치는 인간이라니, 그렇게 되면 인생이 너무 안타깝지 않을까요?

자존감은 마음속에 존재하는 것이라서 자기 자신이 스스로 채울 수밖에 없습니다. 그러니 자신을 미워하거나 자신에게 칭찬하지 못하는 사람은 자존감을 채우기 힘듭니다.

언제든 자신을 칭찬하는 말버릇으로 에너지를 채우고 아우라를 키우도록 합시다. 이것이 인생을 잘 풀리게 하는 최고의 비결입니다.

약해질 것 같다면 외쳐보자,
'힘! 힘! 힘!'

압도적인 경기력으로 일본 축구를 이끄는 혼다 게이스케 선수. 세계적인 선수들과 겨루면서도 늘 강해 보이는 그는 "나라면 할 수 있다!"는 말버릇을 가지고 있다고 합니다.

가령 월드컵 같은 세계 무대에서 수만 명의 관중이 지켜보는 가운데 승부차기를 한다고 해봅시다. 경기 승패가 자신의 발끝에 걸려 있는 상황이라면 대부분의 사람들은 긴장감에 다리가 후들후들 떨리고 당장 숨어버리고 싶을지 모릅니다.

남들보다 몇 배 연습하는 혼다 게이스케 같은 사람조차도 '공이 빗나가면 어쩌지?' 하는 불안이 문득 머릿속을 스칠 때가 있을 것입니다. 그럴 때 '나는 못 해'라는 나약한 말버릇을 가지고 있으면 어떻게 될까요? 분명히 공을 차는 힘마저 약해져 평소하지 않던 실수를 하지 않을까요? 약해질 것 같은 때야말로 "나라면 할 수 있다!"라고 말해야 할 타이밍입니다. 이러한 말버릇이 자신의 불안을 지워주는 지우개가 되기 때문입니다. 그 말버릇이 당신을 격려하는 최고의 특효약이 될 것입니다.

말버릇은 힘들 때 자신을 지탱해주고, 스스로를 믿는 힘이 됩니다. 누구에게나 좋은 일만 있을 수는 없습니다. 원래 우여곡절도 함께하는 것이 인생이지요. 일이 잘 풀리지 않을 때, 몸이 좋지 않을 때, 미래에 대한 불안감을 느낄 때면 자기도 모르게 기운이 빠지게 됩니다.

하지만 그럴 때일수록 당신이 스스로의 응원단이 되어야 합니다. "나라면 할 수 있다!"라는 강력한 말버릇이 강인한 당신의 모습을 연출해줄 것입니다. 더 간단한 방법은 "힘! 힘! 힘!" 하고 외치는 말버릇입니다. 끓어오르는 강력한 힘이 느껴지지 않나요? 그런 자신감이 넘치는 당신에게는 많은 행운이 뒤따를 것입니다.

나이도 말버릇 나름!
궁극의 회춘 기술

"나는 아줌마라서 안 돼."

"나도 내일모레 마흔이야."

"반올림하면 벌써 환갑인데."

혹시 이런 말버릇을 가지고 있지 않나요? 게다가 자신에게
유리할 때만 "이제 나이도 먹을 만큼 먹었고……."라는 변명을
달고 살지는 않는지요? 그렇다면 얼른 그 말버릇을 쓰레기통에
던져 버리십시오.

'말버릇'을 가장 가까이서 듣는 사람은 다른 누구도 아닌 당신 자신입니다. 말을 들은 뇌는 몸에 있는 약 60조 개의 세포들에게 지령을 내리게 됩니다. 그러면 "나는 이제 나이가 많아.", "벌써 아줌마야.", "내일 모레 마흔이야."라는 말버릇에 세포들이 반응해서 피부와 머리카락 등 몸의 노화가 빠르게 진행됩니다. 참으로 무서운 일이 아닐 수 없습니다. 저의 스승인 사이토 히토리 씨는 피부에 윤기가 흐르고 머리카락은 염색을 하지도 않았는데 새까맣고 처음 만났을 때와 조금도 달라지지 않았습니다. 아니, 오히려 매년 더 멋있게 회춘하고 있습니다. 신기하게 여긴 제가 젊음의 비결을 물어보자 사이토 씨는 매우 기쁜 표정으로 웃으며 대답했습니다.

"자신의 나이는 스스로 정하는 거예요. '나는 스무 살이다!' 하고 뇌에게 말하는 거지요. 사실은 마흔 살이라도 '나는 스무 살이다!' 하고 말하면 몸은 '그래? 나는 마흔쯤 되었나 했더니 스무 살이었구나' 하고 여기거든요. 그러면 뇌에서도 스무 살에 어울리는 몸이 되도록 지령을 내립니다. 세포들이 열심히 움직이니 점점 젊어지지요. 그러니 입 밖으로 내뱉는 말이 참 중요하다고 할 밖에요."

사이토 씨의 나이 들지 않는 비결은 스스로 자신의 나이를 정하고 그것을 말버릇으로 삼아 뇌를 아군으로 만드는 것이었습니다.

얼핏 허무맹랑한 이야기처럼 들렸지만 속는 셈치고 사이토 씨의 말대로 한번 해보기로 했습니다. 좋은 일이 일어나면 일어났지 나쁜 일이 일어나지는 않을 테니까요.

저는 당장 제 나이를 정하고 "나는 열여덟 살이다!"라고 말하고 다녔습니다. 그런데 계속 말하다 보니 놀랍게도 피부는 탄력이 넘치고 머리카락에도 윤기가 흘렀으며, 마음도 설렘과 함께 젊어졌습니다. 스스로도 변화가 놀라울 만큼 정말 효과가 절대적이었습니다. 심지어 돈도 들지 않죠. 아무리 비싼 수술보다 효과가 더 큽니다. 참고로 사이토 씨는 "나는 스물일곱 살이다!" 하고 자신의 나이를 정해두고 있다고 합니다. 실제 나이보다도 '어떻게 보이는지'가 더 중요한 법이지요. 여러분은 자신의 나이를 몇 살로 정하고 싶은가요?

스스로에게
팩트 폭행은 절대 금지!

"어차피 우리 집은 가난해서……."

어느 날 사이토 히토리 씨에게 상담을 하러 온 남성이 이런 말을 했다고 합니다. 그 말을 들은 사이토 씨는 빙그레 웃으며 이렇게 대답했습니다.

"사실을 말해서 어쩌려고 그럽니까? 집이 가난하다는 것은 본인이 가장 잘 알고 있지요. 지금껏 남들에게 그런 소리를 들으며 괴로워했던 기억도 많을 겁니다. 그런데 스스로 자신에게 손해가 될 일을 왜 굳이 자기 입으로 말하는 거지요? 어차피 말할 거라면 '집이 가난했던 덕분에 돈을 쓰지 않고도 재미있게 놀 수 있는 아이디어를 많이 가지고 있어요'라든지 더 긍정적인 말을 해야지요."

듣고 보니 정말 하나하나 다 맞는 말입니다. "어차피 나는 성격이 소심하니까.", "어차피 나는 일류 대학을 못 나왔으니까."라며 사실을 이야기해봐야 스스로 자신의 목을 조이는 꼴밖에 되지 않습니다.

사이토 씨는 늘 이렇게 말합니다.

"나는 중학교밖에 안 나왔지만 고등학교 3년, 대학 4년을 합해 7년이나 빨리 사회에 나올 수 있었어요."

이 말을 반대로 했다면 어땠을지 상상해봅시다. 만약 사이토 씨가 "나는 어차피 중학교밖에 못 나와서……"라는 말버릇을 가지고 있었다면 어땠을지 말입니다(그렇다면 이미 사이토 히토리 씨가 아니겠지만). 이제 차이를 느끼시나요? 사이토 씨는 중학교를 나오고 바로 일하기 시작한 자신이 남들보다 출발점이 좋았다고 생각했고, 그것을 말로 계속 표현한 것입니다. 그러니 모두가 대학에 갈 무렵에는 부자가 되어서 외제차를 타고 다닐 만큼 성공했던 것이고요. 그리고 지금은 누구나 아는 일본 제일의 실업가이자, 일본 개인 납세액 1위 거부로 명성을 떨치고 있습니다.

자신에게 손해가 될 만한 사실은 굳이 입 밖으로 내 말할 필요가 없습니다. "제가 낯을 좀 많이 가려서……." 하고 엉덩이를 빼고 있기보다는 "저는 사람들에게 막 들이대는 타입은 아니라서." 하고 살짝 유머러스하게 말해봅시다. 당신에 대해 낯가림이 심한 사람이라고 여기던 주위 사람들은 막 들이대는 타입이 아니라는 말에 의외로 재미있는 사람이라고 생각하게 될 것입니다.

"어차피 나는 ○○니까."라며 옛날 옛적의 일을 들추어서 언제까지고 말하는 사람에게 저는 "기억상실에 걸린 것처럼 다 잊어버리는 건 어때요?"라고 권하곤 합니다. 자신을 의기소침하게 만들거나 행동을 제한하는 부정적인 기억은 아예 잊어버리는 편이 더 낫습니다. 당신의 기억이 즐거운 일로 가득했으면 합니다.

> 자신에게 손해가 될 만한 사실은
> 굳이 입 밖으로 내 말할 필요가 없다.
>
> 당신을 의기소침하게 만드는 부정적인 기억은
> 아예 잊어버려라.

매력적이고 싶다면
'따라쟁이'가 되자

"○○ 씨, △△ 씨랑 같이 서 있으니까 완전 오징어 같아요."

이렇게 타인과 비교하는 말을 들으면 어떤 기분이 드나요? 아무리 농담으로 웃자고 한 말이라도 '뭐야, 웬 오지랖이야! 어디서 비교질이야? 흥, 그러는 너는 얼마나 잘나서?' 하고 무척이나 화가 날 것 같습니다.

그런데 남에게 들으면 매우 기분이 상하는 말을 스스로에게는 아무렇지 않게 하는 사람들이 꽤나 많아 안타깝기 그지없습니다. "저 녀석이 나보다 훨씬 낫지.", "나는 ○○처럼 예쁘지 않으니까……."라며 스스로 누군가와 비교하기 시작하면서 침울해합니다. 누가 남들과 비교하라고 한 것도 아닌데 자기 멋대로 비교하고 풀이 죽어버리는 것이죠. 그야말로 스스로에 대한 고문, 자신을 샌드백으로 삼아 펀치를 날리고 있는 것과 다르지 않습니다. 사람은 어째서 그토록 남들과 자신을 비교하는 것일까요?

그 이유는 내 안의 에너지가 부족해서입니다. 그러니 나 자신을 마음껏 칭찬해주도록 합시다.

"오늘도 진짜 멋있어!"
"오늘 패션도 끝내준다!"
"맨얼굴도 예뻐!"
"웃는 얼굴이 멋지다!"

이렇게 칭찬하는 말버릇으로 자신을 응원하고 격려하여 에너지를 충전시키면 남들과 비교하며 의기소침해지는 일은 사라질 것입니다.

내 안의 에너지가 가득 차면 멋진 사람을 보아도 '나는 부족해' 하고 실망하기보다는 스스로 멋진 사람이 되기 위해 행동을 바꾸게 됩니다. 아름다움과 멋짐에는 정답이 없습니다. 우리는 어떤 사람이 그만의 개성을 잘 드러낼 때 멋지고 아름답다고 말합니다. 자신 있고 당당한 모습, 자신의 아우라를 뽐내는 사람을 멋지다고 생각하지요.

자기도 모르게 누군가와 비교를 하게 된다면 '저 사람의 어디가 멋질까?' 하고 멋있는 사람을 잘 관찰해봅시다. 저 헤어스타일인가? 그렇다면 헤어스타일을 따라 해보는 것도 좋습니다. '그녀의 어디가 매력적이지? 눈인가?' 싶다면 눈화장을 따라 해보는 식으로 말입니다. 남들과 비교해서 스스로를 비하하는 재료로 삼지 말고 자신을 멋지게 만들 본보기로 삼기 바랍니다!

내가 먼저 내 편이 되어야
우주도 내 편이 된다

동료 중에 무언가를 부탁하면 "난 그거 잘 못하는데."라는 말을 달고 사는 분이 있었습니다. 저는 그 말을 들을 때마다 "전혀 못하지 않아요!" 하고 대답해주었습니다.

"잘 못하는데."라고 말하면 실수를 해도 그냥 넘어가 줄 것이라고 생각하나요? 이유가 무엇이든 그건 좋지 않은 습관입니다. 겸손을 표하려고 하는 말이라면 모르겠지만 이런 말버릇을 가진 사람들은 자신감이 부족하거나 콤플렉스가 있는 경우가 대부분입니다.

스스로를 바보 취급하는 자학적인 말은 이제 그만둡시다. 저역시 서투르고 잘하지 못하는 일들이 많습니다. 그럴 때 저는우선 마음속으로 "괜찮아! 괜찮아!" 하고 외칩니다. 그런 후에나의 적극적이고 노력하는 자세가 상대방에게 전달될 수 있도록 말을 고릅니다.

"한 번만 더 설명해주시겠어요?"
"이런 기계를 다뤄본 경험이 없어서, 죄송하지만 이해할 수있도록 알려주세요."
"이런 걸 이해하는 데 시간이 걸리는 타입이라서 조금만 시간을 더 주세요."

이렇게 말하면 대부분의 사람들은 당신의 성의를 받아들여더 자세히 알려주고, 노력하는 태도를 높이 사줍니다.

해본 적 없는 업무를 맡았을 때도 마찬가지입니다. "자신이없어요."라고 말하면 상대방까지 불안해집니다. 상대방이 '이사람은 일하고 싶지 않나?', '이 사람한테 일을 맡기지 말까?'라고 생각하는 순간 모처럼의 기회는 날아가버리고 맙니다. 마음속으로는 자신이 없어도 핸들을 긍정적인 방향으로 틀고 "괜찮아! 괜찮아!"라고 외쳐봅시다. 그리고 상대방을 불안하게 만들지 않는 말, 자신의 마음을 제대로 전달할 수 있는 말을 고릅시다.

"지금 제가 할 수 있는 일에 최선을 다하겠습니다!"
"경험은 많지 않지만 열심히 하겠습니다!"

행운의 여신에게는 오로지 앞머리밖에 없습니다(행운의 여신이 떠나갈 때 아쉬워하며 붙잡으려고 해도 그녀에게는 뒷머리가 없어서 잡을 수 없다는 의미이다. ―옮긴이). 모처럼의 기회를 놓치지 않기 바랍니다. 분명히 괜찮고, 괜찮고, 괜찮을 테니까요!

운명의 상대?
수행의 상대!

"친구들은 모두 결혼을 했는데 저만 못 하고 있으니 왠지 뒤처진 것 같아요."

어느 날 30대 중반의 여성이 수심 가득한 얼굴로 사이토 히토리 씨에게 이런 한탄을 했습니다. 그 하소연에 사이토 씨는 유머를 섞어 이렇게 대답을 했습니다.

"결혼은 말이지요. 못 하는 게 아니에요. 사실은 누구나 할 수 있지요. 주위를 한번 둘러보세요. 길거리를 걷다 보면 대체 저런 사람과는 누가 결혼했을까 싶은 사람도 보란 듯이 결혼해서 아이도 있잖아요? 당신이 보기에는 절대로 결혼할 수 없을 것

같은 사람도 결혼을 하니, 결혼을 못 한다는 생각 자체가 이상한 거지요."

모두들 고개를 끄덕이며 크게 폭소를 터트렸습니다. 어두웠던 그 여성도 깨달음을 얻은 듯 함께 웃었지요.

"이제 알겠나요? 결혼이라는 건 빨리 하고 후회하느냐, 늦게 하고 후회하느냐 둘 중의 하나입니다. 왜냐하면 결혼은 수행이니까요. 생판 남과 생활하는 수행입니다. 결혼하면 행복해질 것이라든지 상대방이 행복하게 해줄 거라는 망상을 하니 실패하는 거예요. 수행은 그런 것까지 다 포함하는 겁니다.

상대방이 나를 행복하게 해줄 것이라고 생각하고 있으면 남편의 이상한 말 한마디에 싫어지겠지만, 수행이라고 생각하면 '참된 수행이야', '이 사람이 아니면 이런 수행을 할 수 있었겠어?' 하고 생각하겠지요. 그리고 결혼하는 상대방은 이미 정해져 있어요. 그래서 만나게 되면 반드시 결혼해야 해요. 정해진 운명이니까요. 그렇게 수행이 시작되는 것이지요. 운명의 상대라고 부르지 말고, 수행의 상대라고 하세요."

결혼은 수행이라는 것을 깨닫고 서로가 "제대로 된 수행을 하고 있군."이라고 말할 수 있을 때 비로소 행복이 찾아온다고 합니다. 빨리 해도, 늦게 해도 결혼은 수행입니다. 그러니 당신이 뒤처진 것이라고 생각하지 말기를! 수심 어린 얼굴은 그만두고 활짝 웃기를 바랍니다.

맛있게 먹으면
0칼로리!

"나는 먹어도 계속 예뻐진다!"

고백하건대, 저는 원래 살이 잘 찌는 체질인 데다 꽤나 대식가에 속합니다. 게다가 술도 상당히 즐기는 편이지요. 그러니 가만히 있으면 살이 안 찔 수 없습니다. 그래서 원하는 만큼 먹거나 마시는 대신 살이 찌지 않도록 다이어트 식품을 먹고 운동도 합니다.

그리고 또 하나 신경 써서 하는 일이 있습니다. 바로 '살이 찌지 않는 주문'을 외우는 것입니다. 저만의 비밀로 해두고 싶었지만 특별히 여러분에게만 알려드리겠습니다.

"나는 먹어도 계속 예뻐진다!"
"이걸 먹으면 계속 예뻐진다!"

저는 식사할 때마다 이렇게 중얼거립니다. 그러면 신기하게도 주체할 수 없던 식욕이 조금 가라앉기도 하고, 먹고 나서 괜한 스트레스를 받지 않으니 살이 찌지도 않습니다.

살이 잘 찌는 사람은 먹을 때도 자신을 탓하며 스트레스를 받는 경향이 있습니다. '이렇게 먹으면 살이 찔 거야' 하고 생각하며 밥과 간식을 먹으면, 칼로리에 죄책감까지 삼키는 꼴입니다. 그렇게 죄책감을 갖고 먹으면 벌을 받습니다. 바로 살이 찌는 벌이죠. 생각만 해도 무섭지 않습니까? 살이 찌면 남들에게 "살쪘네."라는 소리를 들으니 기분도 나빠지고, 거기다 '살이 쪄서 맞는 옷이 없어', '나는 살이 쪄서 너무 보기 싫어' 하고 스스로를 탓하게 됩니다. 이 벌은 그렇게 점점 쌓이는 스트레스를 먹는 것으로 해소하게 만들면서 악순환에 빠지게 되는 무서운 벌이기도 합니다.

채소든 고기든 우리는 살아 있는 것만 먹을 수 있습니다. 우리의 생명을 유지하기 위해 다른 귀한 생명체를 먹고 살아가는 셈입니다. 그러니 '살이 찔 거야'라는 죄책감을 갖고 식사를 하기보다는 음식이 주는 생명에 감사하며 즐겁고 맛있게 먹도록 합시다.

의기소침해질 때 필요한
용기가 샘솟는 주문

무언가에 도전하려고 할 때 '실패하면 어떻게 하지?', '웃음거리가 되면 어쩌지?' 하고 불안과 망상에 사로잡혀서 좀처럼 첫발을 내딛지 못할 때가 있습니다. 무언가 새로운 일을 시작할 때, 평소보다 화려하게 멋을 내야 할 때, 남들 앞에서 프레젠테이션을 할 때, 좋아하는 사람에게 말을 걸 때 등 우리는 이런 수많은 상황에 직면합니다.

어느 날인가 사이토 히토리 씨가 성공하기 위해 중요한 것에 대해 가르쳐준 적이 있습니다.

"성공하기 위해 필요한 것에 대해서 말하자면, 먼저 '지혜'를 빌려주는 사람이 있지요. 여러 가지를 알려주고 도와주는 사람 말이지요. 그리고 '돈'을 빌려주는 사람도 있어요. 일을 하려면 돈이 드니까요. 그런데 이 '지혜'와 '돈'은 내주는 사람이 있을지 모르지만, 가장 중요한 것은 반드시 스스로 내야 해요. 그게 뭔지 알겠어요?"

제가 놀람과 의문이 가득한 표정을 짓자, 사이토 씨는 그 중요한 것에 대해 이렇게 말했습니다.

"'용기'만큼은 아무도 대신 내주거나 빌려주지 않아요. 그러니 스스로 내야만 합니다. 그런데 그 '용기'를 내지 못해서 성공의 첫발을 내딛지 못하는 사람이 많습니다. 어려워도 그 '용기'만 낼 수 있다면 틀림없이 성공하는데 말이에요."

정말 멋진 이야기이지 않습니까? 저는 이날 마음속으로 크게 감동해 진정한 성공의 비결을 전수받았다는 기쁨으로 가득했습니다. 아무리 남들이 파이팅을 외치며 응원해주어도 당신의 다리는 한 발짝도 앞으로 나가지 않습니다. 당신의 인생을 성공으로 이끄는 것은 당신이 내는 '용기'뿐이니까요.

그런데 대체 어떻게 해야 용기를 낼 수 있을까요? 용기를 내는 방법에 대해서도 사이토 씨는 친절하게 알려주었습니다.

"스스로에게 '용기! 용기! 용기!' 하고 100번쯤 말하면 돼요. 신기하게도 용기가 날 겁니다. 용기도 용기 내는 습관을 들이면 됩니다. 많이 내려고 하면 힘들지만 아주 조금이라도 좋으니 매일 내보는 겁니다. 그렇게 조금씩 용기를 내는 습관이 생기면 자기도 모르는 사이에 큰 용기도 낼 수 있거든요."

인생은 여러 가지 일에 도전하는 크나큰 모험입니다. 당신의 용기는 다양한 상황에서 시험대에 오르게 될 것입니다. 그럴 때마다 "용기! 용기! 용기!"라는 말버릇이 당신을 지켜줄 것입니다. 성공을 위해 필요한 지혜와 돈, 그리고 용기를 당신의 것으로 만들기를 바랍니다. 당신은 반드시 할 수 있습니다!

나를 칭찬하는 말이
'행운의 나'를
만든다

- 남의 칭찬을 기다릴 필요는 없습니다. 스스로를 매일 칭찬하면 자존감을 높이고 에너지를 충전할 수 있습니다.

- 말버릇은 힘이 들 때 나를 지탱해줍니다. 몸이 안 좋을 때, 장래가 불안할 때 스스로에게 믿음을 주는 말을 해줍시다. 그러면 그 에너지가 힘으로 바뀌게 됩니다.

- 잘 못하는 일, 자신이 없는 일에 직면했을 때는 자신에게 "괜찮아!"라고 외치고 상대방에게는 진취적인 말을 해봅시다.

- 용기는 아무도 빌려주지 않습니다. 스스로 '용기'라고 말하며 조금씩 용기를 내는 습관을 들입시다.

실패가 아닙니다. 과정입니다.

불행을 끊어내고 기회를 끌어당기는 마법의 한마디

실패는 우주가 내려준 '프리 패스 티켓'

"별로야."라는 말은 '별로'인 일을 끌어당긴다

행복언어로 해결하지 못할 문제는 없다

'걱정이에요'가 아닌 '믿고 있어요'

제4장

실패도 모두 성공으로 바꾸는
'역전'의 말버릇

실패가 아닙니다.
과정입니다.

'성공'이라는 글자를 돋보기로 잘 들여다본 적 있나요? 자세히 살펴보면 작은 '실패'라는 글자가 여럿이 모여 성공이라는 글자를 만들고 있음을 알 수 있습니다.

물론 농담입니다. 돋보기로 아무리 들여다봐도 글자는 보이지 않을 거예요. 그저 인간은 많은 실패를 경험했을 때 비로소 성공할 수 있다는 말입니다.

'발명왕' 에디슨은 대나무를 이용한 필라멘트로 실용성 있는 전구를 만들었습니다. 이 전구가 만들어지기까지 아득할 만큼

많은 실패가 있었다는 건 너무도 유명합니다. 하지만 에디슨은 이렇게 말했다고 하죠.

"나는 실패한 적이 없다. 그저 1만 가지의 잘 안 되는 방법을 알아냈을 뿐이다."

에디슨에게 성공이란 '성공할 때까지 계속 시도하는 것'이었습니다.

또 '경영의 신'이라 불리는 파나소닉의 창업자 마쓰시타 고노스케도 똑같이 말했습니다.

"성공은 성공할 때까지 계속하는 것이다."

그렇습니다. 실패는 거기서 포기하기 때문에 실패로 남는 것입니다. 아무리 실패해도 포기하지 않고 성공할 때까지 계속하면 그간의 실패는 모두 커다란 성공을 위한 과정으로 바뀌는 법입니다.

그렇다면 실패를 성공으로 바꾸는 것은 무엇일까요? 저는 역시 '말버릇'에 해답이 있다고 생각합니다.

예를 들어 신입 스타일리스트인 A씨는 업계 사람들이 모두 모이는 중요한 모임을 앞두고 서둘러 외출 준비를 하다가 그만 옷에 주스를 쏟아버렸습니다. 그러고는 "최악이야", "재수가 없네."라며 부정적인 방향으로 생각해버리고 말았습니다.

"진짜 최악이다. 좋아하는 원피스가 완전 엉망이 돼버렸네. 지금 출발해야 하는데 나는 진짜 되는 일이 없나 봐. 이거 말고 달리 입고 갈 옷도 없는데. 그래, 내 팔자에 무슨 모임이야. 그냥 집에나 처박혀 있어야겠어."

결국 그녀는 이렇게 말하며 집에서 뒹굴거리고 말았습니다.

실패를 통해 아무것도 배우지 못했으니 얼마 후 또 서두르며 외출 준비를 하다가 이번에는 옷에 커피를 쏟아버리고 맙니다. 그렇게 같은 실수를 여러 번 반복하면서 그녀에게는 계속 부정적인 생각이 쌓여갔고, 의욕도 잃게 되었습니다.

반면에 같은 신입 스타일리스트인 B씨는 어떨까요? 그녀 역시 서둘러 외출 준비를 하다가 실수로 옷에 주스를 쏟아버렸습니다. 하지만 그녀는 "다행이다! 나가기 전에 이런 일이 생겨서."라며 모든 일을 긍정적으로 생각했습니다.

"다음부터는 탁자 끝에 컵을 올려두지 말아야겠어. 그리고 서두르지 않게 10분 전에 준비를 마치도록 해야지. 정말 좋은 경험을 했어!"

그녀는 짜증스런 기분에 빠지지 않고 곧바로 두 번째로 마음에 들었던 옷으로 갈아입었습니다. 다만 스타일이 살짝 심심한가 싶어 스카프로 멋을 내고 모임 장소로 갔습니다. 그리고 그곳에서 한 패션지 편집장의 눈에 띄어 칭찬을 듣게 됩니다. "좀 밋밋한 옷이었는데 거기에 스카프를 매치하니 멋있네요. 센스가 있으신 것 같아요." B씨는 이 인연이 계기가 되어 인기 스타일리스트의 길을 걷게 됩니다. B씨는 실패의 경험에서 제대로 교훈을 얻었고, 이를 성공으로 바꾼 것입니다.

어떻습니까? 두 사람에게 일어난 일은 완전히 똑같습니다. 시작은 다르지 않았습니다. 하지만 어떤 말을 내뱉느냐에 따라 인생은 180도 달라질 수 있습니다.

실패는 누구나 싫어합니다. 하지만 실패에서 배운다면 그것은 좋은 '경험'으로 바뀝니다. 즉, 성공으로 가는 계단에 한 걸음 올라서게 되는 것입니다. 실패라는 경험 덕분에 이전의 나보다는 분명히 멋진 사람이 될 것입니다.

항상 좋은 일만 생기는 사람은 없습니다. 좋은 일도 나쁜 일도 모두 비슷하게 일어납니다. 그것을 좋게 바꾸느냐, 나쁘게 바꾸느냐는 그 사람에게 달렸습니다. 그러니 잘 안 풀리는 일이 있어도 그것을 실패라고 여기지 말길 바랍니다. 부정적인 말을 내뱉어 더 나쁜 방향으로 스스로를 몰아가는 일만큼은 그만두어야 합니다. 일이 잘 풀리지 않을 때는 이렇게 말해봅시다.

"이건 커다란 성공을 만들어줄 중요한 부분이야!"

실패에서 배우십시오. 실패를 좋은 방향으로 가는 발판으로 삼으십시오. 그렇다면 당신은 앞으로 늘 좋은 경험을 하고 점점 더 멋있어질 것입니다!

"

실패를 기꺼이 맞이하라.
실패에서 교훈을 건져내라.

실패에서 배운다면
그것은 좋은 '경험'으로 바뀐다.

"

불행을 끊어내고 기회를 끌어당기는
마법의 한마디

저는 늘 활기찬 편이지만 예상치 못한 문제가 생기면 종종 의기소침해질 때가 있습니다. 그럴 때도 웃음을 잃지 말자고 마음먹고는 있지만, 무언가 눈치를 챈 것인지 사이토 히토리 씨가 이런 이야기를 들려주었습니다.

"경마를 아주 열심히 연구하고 연구해서 예상을 해도 한 번이야 맞추겠지만, 그다음 또 그다음에도 맞추기란 천문학적인 확률입니다. 알겠지요? 마찬가지로 불행한 일이 한 번 있을 때는 아직 괜찮아요. 하지만 불행이 두 번, 세 번 연속해서 일어나는 천문학적 확률이 그 사람에게만 생길 까닭은 없거든요. 그러니까 그 사람의 불행은 '우연'이 아닌 거예요. 분명히 이유가 있고 본인이 불행을 끌어들이는 겁니다. 그러니 첫 번째 불행이 찾아왔을 때 그 고리를 끊어내야 해요. 알겠지요? 불행을 쉽게 끊어낼 수 있는 말을 알려줄게요."

사이토 씨가 알려준 불행을 끊어내는 마법의 말은 바로 이것입니다.

"이걸로 좋아질 거야, 그래서 좋아질 거야, 더 좋아질 거야."

이 말을 하면 안 좋게 생각되던 일을 끊어낼 수 있을 뿐만 아니라, 신기하게도 정말 그 일이 기회로 바뀌게 됩니다!

안 좋은 일이 생겨도 "이걸로 좋아질 거야.", 안 좋은 일을 알아차린 덕분에 "그래서 좋아질 거야.", 안 좋은 일을 통해 교훈을 얻으니 "더 좋아질 거야."라고 말할 수 있습니다. 저는 이 마법의 말을 정말로 좋아합니다. 그리고 무언가 안 좋은 일이 일어났을 때 이 말을 입버릇처럼 되뇌면 마음이 상쾌해지면서 침착해지고 냉정함을 되찾게 됩니다.

인간이니까 실패하는 것은 당연합니다. 실패해도 "이걸로 좋아질 거야, 그래서 좋아질 거야, 더 좋아질 거야." 하고 몇 번이고 되뇌며 곧장 일어서도록 합시다. 그날의 실패가 있었기에 지금이 존재하는 것입니다. 그렇게 생각하면 실패해도 좌절하지 않고, 이 실패가 어떤 좋은 일로 바뀔지 기대를 가질 수 있습니다. 그러니 실패는 전혀 두려워할 대상이 아닙니다. 실패는 좋은 '기회'가 되어 당신을 다시 찾아올 테니까요.

실패는 우주가 내려준
'프리 패스 티켓'

혹시나 "늘 염두에 두고 좋은 말버릇을 쓰는데도 안 좋은 일이 생겨요."라는 분이 계실지 모릅니다. 하지만 그 안 좋은 일은 훗날 되돌아보면 분명 좋은 일로 바뀌게 될 것입니다.

인간은 살짝 서글픈 생물입니다. 왜냐하면 좋은 일이 생기면 기분이 들떠서 깊게 생각을 하지 않지만 안 좋은 일이 있을 때는 '어째서 이런 상황이 벌어진 거지?', '내가 대체 뭘 잘못한 거지?' 하고 계속 곱씹어 생각하기 때문입니다. 그렇습니다. 인간이란 안 좋은 일이 생기지 않으면 발전할 수 없는, 조금은 불쌍

한 생물인 셈입니다. 안 좋은 일이 생기면 그제야 '좀 더 신중히 행동해야지' 하며 자신을 돌아봅니다. 그런 반성과 개선을 통해 인간은 발전합니다. 그런 깨달음이 있기 때문에 나중에 똑같은 일을 맞닥뜨려도 그것을 기회로 바꿀 수 있는 법이지요.

'들어가고 싶었던 대학에 떨어졌다', '가고 싶던 회사에 불합격했다', '신상품 기획안이 통과되지 못했다', '구조조정으로 해고되었다', '이혼했다' 등 언뜻 힘든 일을 겪고 있는 사람은 그것이 우주가 내려준 최고의 교훈이자 선물이라는 것을 모를 수 있습니다. 하지만 사람은 실패를 통해서만 배울 수 있습니다. 사실 실패란 우주가 우리에게 준 '무한정 쓸 수 있는 프리 패스 티켓'과 같습니다.

사이토 히토리 씨는 "인생은 실패를 통해서 배웁니다. 그러니 실패하지 않으려 애쓰는 것은 배우지 않으려 애쓰는 것과 같습니다."라고 말합니다. 보통 부모들은 아이가 실패를 겪지 않도록 미리 이것저것 손을 써주려 하지만, 아이에게 실패를 경험하게 하는 것도 부모의 사랑이라는 점을 기억하기 바랍니다.

실패한 경험이 없다면 세상은 너무도 두려운 곳이 될 겁니다.

무기도 없이, 지도도 없이, 맨몸으로 야생의 정글에 들어가는 것이나 다름없으니까요. 하지만 많은 실패를 경험했다면 당신에게는 목적지를 찾아갈 수 있는 지도도, 자신을 지킬 수 있는 무기도 생긴 셈입니다.

그러니 당신, 실패해도 괜찮습니다. 아니 기꺼이 실패를 경험하기 바랍니다.

"별로야."라는 말은
'별로'인 일을 끌어당긴다

가끔 만나는 30대의 한 여성과 이야기를 할 기회가 있었습니다. "요즘 어떻게 지내요?" 하고 제가 묻자 그녀는 "진짜 별로예요. 좀 들어보세요……."라며 온갖 안 좋은 말을 늘어놓기 시작했습니다. "아이는 잘 지내나요?" 하고 물어도 "정말 짜증 나 죽겠어요. 제가 하는 말을 전혀 안 들어요."라고 답했습니다.

그녀는 '별로다', '짜증 난다'라는 말버릇대로 별 볼 일 없고 짜증스런 나날을 보내고 있는 듯했습니다. 반짝거리는 멋진 원피스를 차려입고 멋을 부린 것과 달리 얼굴은 침울하고 컨디션도 안 좋아 보였지요. 책을 읽거나, 세미나와 강연회에 참가하는 좋은 활동도 한다는데 참으로 안타까운 말버릇이라는 생각이 들었습니다.

제1장에서 한 이야기를 다시 한번 떠올려봅시다. '말은 우주에 보내는 주문'이라는 이야기 말입니다. 식당에서 아무리 마음속으로 카레를 먹고 싶다고 생각해도 "오므라이스 주세요." 하고 주문하면 당신 앞에는 오므라이스가 놓이는 법입니다.

입 밖으로 내뱉은 말은 반드시 이루어집니다. 그것이 나쁜 일이라도 말입니다. "최악이야."라는 말은 더욱 최악의 일을 끌어들이게 됩니다. '최악'이라는 말대로 정말로 최악의 말인 셈이지요.

예를 들어 살짝 넘어질 뻔했을 때, 횡단보도에 서자마자 신호가 빨간색으로 바뀌었을 때, 서류에 뭔가를 잘못 썼을 때 등 사소한 일에도 "짜증 나.", "되는 일이 하나도 없네."라는 말을 달고 살지는 않는지요? 어쩌면 그런 본인의 말버릇을 아예 의식하지 못하는 사람도 많을 것입니다.

저는 넘어지고 구르고 조금 실패를 했을 때는 스포츠 경기에서 실수한 팀원을 격려하듯 "괜찮아, 걱정 마!" 하고 제게 말합니다. 신경 쓸 것 없다고 말입니다.

실패라는 불운을 "괜찮아, 걱정 마!"라는 말버릇으로 일단 끊어내는 것이 중요합니다. 그렇게 곧장 기분을 전환시켜야 앞으로 나아갈 수 있으니까요. 당신에게 일어난 일은 정말로 최악인가요? 정말로 짜증 나는 일인가요? 우선 그것을 먼저 생각해보고 나쁜 말버릇부터 끊어내도록 합시다.

행복언어로
해결하지 못할 문제는 없다

살다보면 '아, 어떡하지?' 하고 당황하는 순간이 누구에게나 생깁니다. 저라고 다르지 않습니다. 제가 마루칸 사업을 막 시작했을 무렵의 일입니다. "이 일을 어쩌면 좋지?" 하고 제가 소리를 지르자 이를 들은 사이토 히토리 씨가 빙그레 웃으며 이렇게 말했습니다.

"'어쩌면 좋지?' 싶은 일이 일어났을 때 '어쩌지? 어쩌지? 정말 어쩌지?' 하고 세 번 말하면 노이로제에 걸려요. 그러니까 '어쩌면 좋지?'라고 한 다음에는 이렇게 말하세요. '저렇게 하자! 이렇게 하자!' 하고 말입니다. 그러면 '어쩌지?' 싶던 일에 대해 재미있게도 뇌가 '저렇게 하자! 이렇게 하자!' 하고 다음에 해야 할 일을 생각하거든요. 알겠지요? 흥미로울 테니 실제로 해보세요."

사람은 당황하면 머리와 마음이 비정상적으로 움직입니다. 나아가 어떠한 행동도 하지 못하고 오로지 그 일만 생각하게 됩니다. 그러면 고민의 소용돌이에 빠지게 되어 노이로제에 걸릴 수밖에 없습니다. 그러니 "어쩌지? 어쩌지? 어떡하지?" 하고 되풀이해 말하면 안 됩니다. "어떡하지?" 다음에 아무런 아이디어가 떠오르지 않아도 밝게 "저렇게 하자! 이렇게 하자!" 하고 말합시다. 분명 멋진 '대책'이 떠오를 것입니다!

실패해도 "저렇게 하자! 이렇게 하자!" 하고 생각하면 한 걸음, 두 걸음 다음 방안을 찾아 앞으로 나아갈 수 있습니다.

그리고 이왕이면 '이런 실패를 해서 다행이야'라는 긍정적인 단계를 이끌어내기 바랍니다. 그러려면 실패나 문제가 발생했을 때 반드시 그 일로 득을 보았다고 생각할 수 있을 때까지 "저렇게 하자! 이렇게 하자!" 하고 말하며 다음 대책을 생각해야

합니다. 이것이 습관이 되면 뇌가 늘 좋은 방향으로 착각을 해서 무슨 일이 벌어지든 최고의 해결책을 재빨리 찾아내게 될 것입니다.

　인간관계의 문제를 해결하면 인간관계가 더 좋아지게 됩니다. 회사의 문제를 해결하면 회사에서의 위치가 더 올라가게 됩니다. "어떡하지?"에서 "저렇게 하자! 이렇게 하자!"라고 말하며 문제를 해결하면 성공적인 인생을 살 수 있을 것입니다.
　무언가를 실패해서 당황한 순간에는 우선 심호흡을 하고 당황하지 않는 마법의 말을 해보도록 합시다.

'걱정이에요'가 아닌
'믿고 있어요'

"아이가 걱정이에요."

"친구의 일이 걱정이에요."

우리 주위에는 이런 '걱정'을 하는 사람들이 종종 있습니다. 상대를 '위한다'는 생각으로 하는 이러한 말도 한번쯤 돌아볼 필요가 있습니다. 사이토 히토리 씨는 누군가를 걱정하는 사람들에게 이렇게 알려줍니다.

"있지요. '걱정이다, 염려스럽다'라고 말하는 건 상대방을 믿지 못하는 거예요. 그러니 '걱정이다'라는 말 대신에 이렇게 말해주세요. '믿고 있어'라고요. '당신이라면 괜찮아요, 믿어요', '당신이라면 잘할 거예요. 믿어요' 누군가가 나를 믿고 있다고 생각하면 굉장히 든든해져요. 그만큼 더 힘을 낼 수 있지요."

정말 그렇습니다. 걱정의 반대는 '믿는다'는 것이지요. 누군가의 믿음은 아주 큰 힘이 됩니다. 그것이 상대방에게는 무엇보다 큰 최고의 선물입니다. 이는 자기 자신에게도 마찬가지입니다. '또 실패하는 건 아닌지 걱정이야', '차일까 봐 걱정이야', '앞으로의 일이 걱정이야' 등 막연히라도 걱정이 떠오른다는 것은 스스로를 믿지 못한다는 뜻입니다. 자신감이 없다면 스스로에게 이렇게 말해주도록 합시다!

"○○라면 분명히 괜찮을 거야. ○○를 진심으로 믿어."

○○에 자신의 이름을 넣어 말해봅시다!

실패는
우주가 준
프리 패스 티켓

- 실패는 큰 성공을 만드는 중요한 부분입니다. 실패에서 교훈을 얻어 그 것을 '경험'으로 만드세요.
- 최악의 일은 스스로 "괜찮아, 걱정 마!" 하고 말하며 끊어내야 합니다.
- "저렇게 하자! 이렇게 하자!"라는 말버릇으로 침착하게 다음 대책을 생각 합시다.
- 여러 가지 걱정이 떠오른다면 "너를 믿어."라고 말하며 스스로에게 힘이 되어줍시다.

기분 좋게 지내는 사람에게는 늘 기적이 일어난다

"괜찮아, 괜찮아."는 만능약 말버릇

말끝만 살짝 바꿔도 기분이 좋아진다

좋은 일만 끌어들이는 행복의 한숨

'수고하셨습니다'보다는 '정말 멋졌습니다'

'기분 망치기 달인'의 공격은 피하는 게 상책

재미없는 일만 생각하니까 사는 게 재미없지

"좋아요!"라고 말할수록 몸이 더 건강해진다

"흥미진진한데?"라는 말로 문제를 해결한다!

제5장

좋은 일만 끌어들이는
'행운'의 말버릇

기분 좋게 지내는 사람에게는
늘 기적이 일어난다

당신은 작년에 자신이 어떤 일로 고민했는지 기억합니까? 그리고 그 고민을 어떻게 해결했는지도 기억하나요?

대개는 '내가 무슨 일로 고민했었지?' 싶을 만큼 까맣게 잊어버렸을 것입니다. 그런데 놀라운 사실은, 대부분의 고민은 절대 해결되지 않았다는 것입니다. 사실 고민은 원래 사라지지 않습니다.

예를 들어 서랍장에 머리를 부딪혀 아파하고 있다고 해봅시다. 그런데 이번에는 새끼발가락이 어딘가에 부딪혀 "아야아!"

하고 뒹굴었다고 합시다. 그러면 더 아픈 새끼발가락에 신경 쓰느라 머리를 부딪힌 일은 새까맣게 잊어버리게 되죠. 이와 마찬가지입니다. 당시에는 심각하게 '이제 도리가 없나 봐', '더는 회복 불가능이야'라며 계속 고민합니다. 하지만 그러다가 다른 고민이 나타나면 먼젓번에 심각하게 생각하던 일은 잊어버리게 되는 것이죠.

어차피 해결되지 않는 일이 고민거리라고 생각해봅시다. 그럼 침울한 얼굴로 머리를 싸쥐고 있는 것도, 자신의 시간과 에너지를 소모하는 것도 너무 아깝다는 생각이 들 것입니다.

간혹 저에 대해 오해하는 분들이 있습니다. 마유미 씨는 고민을 하거나 의기소침해지는 일 없이 늘 활기찬 것 같아요, 하고 말이죠. 하지만 절대 그렇지 않습니다. 저 역시 인간인걸요. 때로는 '그때 이렇게 했으면 좋았을 걸……', '그 일을 어떻게 하면 좋을까?' 하고 마음속으로 끙끙대며 고민하기도 합니다. 모두들 진짜냐며 의심스러워하지만 정말 그렇습니다. 저한테도 인간이 지닌 '희로애락'이라는 멋진 감정이 존재하니까요! 그래도 고민이 해결되지 않는다는 것을 알고 있으니까 그럴 때는 내 감정이 멋대로 움직이도록 그냥 내버려두는 편입니다. 그렇게 스스로에게 가급적이면 잘해주려고 합니다.

만약 제가 고민에 빠져 기분이 가라앉은 상태로 어두운 얼굴을 하고 강연회 단상에 올라가면 어떨까요?

"여러분, 잘 지내셨어요? 저는 지금 기분이 최악입니다. 굉장한 고민이 있어서 어젯밤에는 한숨도 못 잤어요. 아무것도 하기 싫어서 파자마 차림에 맨얼굴로 왔습니다. 정말이지 괴로워서……. 여러분 제 고민을 들어주세요! 실은 어제 회사에서 이런 문제가 있었어요……."

심각한 표정으로 이런 이야기를 하면 돈을 내고 강연회를 기대하며 오신 분들이 얼마나 실망스러울까요. 두 번 다시 제 강연회에는 오지 않겠다고 생각할 것입니다. 강연회에 오신 분들은 저의 고민과는 전혀 무관하니, 단상에 오르기 전에 기분을 조절하는 것은 당연히 제가 해야 할 일이겠죠.

저는 사이토 히토리 씨가 기분이 안 좋은 모습을 단 한 번도 본 적이 없습니다. 세상인 우리가 그분의 기분을 맞추려고 눈치를 보게 한 적도 없습니다. 오히려 늘 즐거운 이야기로 우리의 기분을 좋게 만들어주는 사람은 사이토 씨였습니다.

어느 날은 '늘 기분이 좋은' 사이토 씨가 그 비밀을 알려주었습니다.

"사람의 기분 상태에는 세 종류가 있다는 거 아세요? 기분에는 상, 중, 하가 있어요. '하'에 속하는 건 항상 기분이 안 좋은 사람. 당연히 기분 좋지 않은 일만 생깁니다.

'중'에 속하는 건 보통 사람이에요. 그때그때 기분이 좋기도 하고 나쁘기도 해서 변덕스러운 날씨와 같지요. 보통 사람에게는 보통의 일만 일어나지요. '어째서 나한테는 기적이 일어나지 않는 걸까?'라고 말하곤 하죠. 당연히 보통 사람이니까 기적은 일어나지 않아요.

'상'에 속하는 사람은 늘 기분이 좋아요. 항상 기분 좋게 지내는 사람에게는 계속 멋진 기적이 일어나요. 나는 늘 기분이 좋습니다. 기분 좋게 지내는 사람은 우주도 늘 보살펴줘요. 기분 상태가 언제나 '상'에 속하는 사람은 세상 사람들의 눈에도 잘 띄지만, 하늘에서 보기에도 굉장히 반짝거려요. 아주 눈에 잘 띄니 행운과 행복을 전달하기도 쉽지요."

사이토 씨는 일본 최고 부자 순위에 이름을 올리고, 내놓는 상품마다 모두 히트상품이 되는 등 사람들이 보기에 '기적' 같은 일을 계속 이루어내고 있습니다. 그런 행운만을 끌어들이는 비결이 바로 '항상 좋은 기분 상태'를 유지하는 일이었던 것입니다!

다른 사람이 아무리 기분이 좋지 않다 하더라도 그것은 당신과는 완전히 무관한 일입니다. 남의 기분을 살피기보다는 자신의 마음을 항상 '좋은 상태'로 유지합시다! 이제부터는 기분을 좋게 만드는 데 도움이 되는 '말버릇'에 대해 소개하려고 합니다. 말버릇을 잘 활용해 매일매일의 기분을 좋게 만들어보세요. 당신에게도 기적 같은 행운만 일어나게 될 것입니다.

"괜찮아, 괜찮아."는
만능약 말버릇

사람은 가만히 있으면 '걱정'이나 '불안'을 느끼도록 만들어졌습니다. 이 감정들은 인간이 생존을 하기 위해 필요한 방어본능으로, 원시시대에도 있었습니다.

만약 인간에게 방어본능이 없었다면 살아남을 수도 없었을 것입니다. 죽을지도 모른다는 걱정이 없으니 고층 빌딩에서 아무렇지 않게 뛰어내리거나, 불 속으로 뛰어들고, 길에 떨어진 음식을 주워 먹는 등 말도 안 되는 일들을 저지르겠죠. 이래서야 목숨이 100개라도 부족할 것입니다.

그래서 걱정하거나 불안감을 느낀다는 건 당신이 무척 정상이라는 증거입니다. 다만 지나치게 걱정을 하거나 불안해할 필요는 없겠죠. 가령 처음 일을 맡았는데 마감 시간을 지키지 못하면 어떡하지? 일이 제대로 안 되면 어쩌지? 상대방이 화를 내면 어떡하지? 여러 가지 일을 상상하며 필요 이상으로 앞일을 걱정하거나 불안해하는 것 말입니다.

그 불안의 근거는 무엇일지 생각해봅시다. 구체적으로 당신의 불안이 무엇 때문인지 말할 수 있나요?

대개의 경우 방어본능이 발동한 것일 뿐, 딱히 불안의 근거를 찾기 힘듭니다. 그럴 때는 다방면으로 사용할 수 있는 만능약 말버릇인 "괜찮아, 괜찮아."를 외쳐봅시다! "괜찮아, 괜찮아."라고 말하다 보면 걱정이나 불안 대신에 무엇을 먼저 해야 할지, 또 어떻게 하면 일이 잘 풀릴지 생각하는 진취적인 에너지와 지혜가 터져 나오게 될 것입니다.

제가 교토에서 마루칸 사업을 시작하게 되었을 때, 먼저 홋카이도나 오사카에서 마루칸 지점을 운영했던 사장님이 전화를 주셨습니다. "처음 시도하는 지역이고, 장사를 하는 것도 저음

인데 판매니 뭐니 불안한 건 없어요?" 하고 상냥하게 물어보셨죠. 저는 이렇게 대답했다.

"불안하지는 않은데요. 지식이 없습니다."

그러자 그 사장님이 크게 웃으며 말했습니다.

"이야, 반드시 성공하겠네요. 불안하지 않다니 대단합니다. 불안하지 않으면 뭐든지 도전할 수 있어요. 지식은 얼마든지 흡수할 수 있거든요! 알아야 할 건 제가 얼마든지 알려드릴 테니 괜찮아요!"

너무 멋진 이야기 아닌가요? 우리들, 사이토 히토리 씨의 제자들은 늘 기분 좋게 지내는 법을 배웠기 때문에 어떤 상황에서든지 좋은 기분을 유지합니다. 불안을 느끼기는커녕 근거 없는 자신감을 갖고 있습니다. 어차피 근거가 없다는 점에서는 같으니, 불안감을 느낄 바에는 근거 없는 자신감을 갖는 게 훨씬 낫습니다!

말끝만 살짝 바꿔도 기분이 좋아진다

출판사에서 이 책에 대한 회의를 하고 있을 때의 일입니다. 담당자가 제게 이런 질문을 했습니다.

"가끔 저도 모르게 '하아……' 하고 한숨을 쉴 때가 있어요. 좋지 않은 버릇 같은데 뭔가 다른 말버릇으로 바꿀 수 없을까요?"

그때 제게 개그의 신이 강림하셔서 멋진 아이디어를 주셨습니다.

"한숨을 쉴 때 '하아……' 하고 쉬니까 어두운 느낌이 들지요. '하아……' 대신에 마이클 잭슨처럼 '호오~♪'로 바꿔보면 어떨까요?"

그러자 자리에 있던 모두가 박장대소했고, 회의 자리는 부드러운 분위기를 넘어 눈물이 날 만큼 큰 웃음으로 무척 즐거워졌습니다.

'하아……' 하고 짓는 한숨에서는 세상에서 제일 나쁜 파동이 나온다고 합니다. 게다가 한숨을 들은 주위 사람들도 신경을 쓰게 되고, 침울한 분위기를 만드는 데다, 왠지 모르게 피로가 몰려오는 기분까지 드니 좋은 점이 하나도 없습니다.

반면에 '호오~♪'라는 말버릇은 모두의 댄스 본능을 일깨우며 미소 짓게 만듭니다. 당신도 오늘부터는 한숨이 나오려고 할 때 조금만 톤을 높여 "호오~♪" 하고 바꿔보면 어떨까요?

좋은 일만 끌어들이는
행복의 한숨

한숨 이야기를 조금 더 해볼까 합니다. 사실 저는 어릴 때부터 한숨이 매우 불편하고 싫었습니다. 아버지가 갑자기 "하아……." 하고 깊은 한숨을 쉬시는 것이 너무 싫었습니다. 한숨 소리를 들으면 "내가 뭘 잘못했나?", "아버지가 섭섭해하실 만한 이야기를 했나?" 하고 어린 마음에도 신경이 쓰이고 불편했던 기억이 납니다. 그런데 사이토 히토리 씨를 만난 후로 그런 생각이 180도 바뀌었습니다.

운전을 하며 어딘가로 가던 날 사이토 씨가 "하아……." 하고 한숨을 쉬었습니다. 저는 순간 아버지의 한숨 소리가 떠올라 뜨끔했지요. 그런데 사이토 씨는 뒤이어 "행복해~"라고 말하는 것이 아니겠습니까? 제게는 굉장한 충격이었습니다.

"응? 행복하다고요? 지금 '행복해'라고 하셨죠?"

　제가 놀란 얼굴로 묻자 사이토 씨는 빙그레 웃으며 대답했습니다.

"맞아요. 행복해서 한숨이 나왔네요. 그러고 보니 마유미 씨도 기억해두면 좋겠어요. 한숨은 이 세상에서 가장 나쁜 파동을 낸다고 해요. 그러니 한숨만 쉬는 사람에게는 나쁜 일만 생기는 겁니다. 하지만 그걸 '세상에서 가장 행복한 파동'으로 바꿀 수 있어요. 바로 지금 내가 한 것처럼 '행복해~' 하고 덧붙여 말하면 돼요.

　누군가 한숨을 쉬면 주위 사람들이 신경을 쓰고 걱정을 하지요? 안 좋은 일이잖아요. 하지만 한숨에다 '행복해~'라고 덧붙이면 주위 사람들까지 행복감에 휩싸이게 될 거예요. 그러면 '행복의 한숨'으로 바뀌니 좋은 일만 끌어들이는 행복의 파동이 됩니다."

저는 사이토 씨의 행복한 한숨 덕분에 한숨 소리를 들을 때마다 불편했던 어린 시절의 트라우마에서 벗어날 수 있었습니다. 따뜻한 목욕물에 몸을 담그고는 기분이 좋아서 "하아~ 좋구나, 좋아." 하고 저절로 말하게 될 때가 있지 않나요? 마치 그런 느낌입니다.

당신도 오늘부터 한숨이 나왔을 때는 "하아~ 행복해!" 하고 말해 주위 사람들에게도 행복을 퍼뜨리기 바랍니다.

'수고하셨습니다'보다는
'정말 멋졌습니다'

"마유미 씨, 수고했어요!"

강연회가 끝난 후에 이렇게 인사해주는 분들이 계십니다. 그럴 때 저는 웃으면서 이렇게 대답합니다.

"수고는 전혀 하지 않았어요."

사람들과 만나는 순간은 제게는 너무 즐겁고 행복한 시간입니다. 억지로 힘들여 하는 일이 아니라서 정말로 피곤하거나 수고스럽지 않습니다. 오히려 더 기분이 좋아지고 힘이 나서 활기가 넘친다고나 할까요?

저는 회사들에서 "수고했어요.", "고생했어."가 왜 서로의 노고에 대한 인사말로 여겨지고 있는지도 잘 모르겠습니다. '수고했다'는 말을 해서 힘이 난다면 다행이지만, 말버릇의 법칙상 생각해보면 피로를 더 불러들이는 느낌이 들지 않나요? 그래서 제안하는데, 이런 인사는 어떨까요? "수고했어요." 대신 "오늘 정말 멋졌어요."라고 말입니다.

우리 동료들은 이렇게 인사합니다. 왠지 기분이 좋아지지 않나요? 일을 끝낸 후 회식 자리에서 건배를 할 때도 "수고하셨습니다."가 아닌 "오늘 정말 멋졌습니다~!"라고 합니다. 오늘 하루 활약한 동료와 자신을 칭찬하며 건배하는 것이지요. "정말 멋졌습니다."라는 말을 들으면 '그래 오늘도 잘했어, 내일도 힘내야지' 하고 의욕이 샘솟기 마련입니다.

오늘 하루 열심히 산 당신도 "정말 멋졌습니다!"

'기분 망치기 달인'의 공격은 피하는 게 상책

"직장 상사가 갑자기 화를 내요."

"동료가 제 험담을 하고 다녀요."

"어린이집 엄마들 중 한 명이 제 인사를 무시해요."

이런 일로 상담을 하는 경우가 자주 있습니다. 늘 즐거운 기분으로 지내려고 해도 상대방은 나와 다른 사람이기에 인간관계에서 어려움을 느낄 때가 있지요. 행복언어를 쓰려고 주의하고 있는데 갑자기 저쪽에서 화를 내 나도 모르게 불행언어가 나와버린 경험, 있을 것입니다. 하지만 그래서는 그 사람과 똑같은 수준의 사람이 되기 마련입니다. 짜증 나는 사람을 매도하다 보면 자신도 그 사람과 같아진다는 말입니다. 대신 화가 날 때 는 이렇게 바꾸어 말해봅시다. "달인이네!"

저와 동료들은 안 좋은 행동으로 상대의 기분을 망치는 사람을 '달인'으로 부릅니다. 우리의 상식을 뛰어넘는 기분 망치기의 영역에 도달한 사람이니, 우리가 달인의 기분이나 행동을 전혀 이해하지 못해도 됩니다. 반대로 그 기분이나 행동이 이해된다면 똑같은 기분 망치기의 달인이 될 테니까요.

'아, 오늘도 상사가 소리를 질러대니 정말 짜증 나' 하며 마지 못해서 출근하기보다는 '좋았어! 오늘은 달인의 기술을 어떻게 피해볼까?'라며 살짝 즐겨보는 것은 어떨까요? 그러면 나쁜 기분이 말끔히 사라지게 됩니다. 즐기는 당신의 승리인 셈이죠. 그렇게 아무리 상대방이 불쾌하게 만들고 화날 만한 소리를 해도 가볍게 피하며 온화한 기분을 유지하면 자신이 한 단계 위의 인간이 되는 것입니다. 그러면 신기하게도 평소에는 소리를 지르던 상사가 상냥해지기도 하고, 일이 잘 풀리는 등 당신의 기분을 좋게 만드는 기적이 일어나게 될 것입니다.

심술부리기 달인

깐족거리기 달인

갑자기 화내기 달인

재미없는 일만 생각하니까
사는 게 재미없지

사이토 히토리 씨와 제자들이 다 함께 여행을 갔을 때의 일입니다. 점심시간이 되어 모두들 배가 고파서 차로 이동하던 길에 아무 식당에나 들어가 음식을 시켰습니다.

그런데 너무나도 안타깝게도, 요리가 그다지 맛있지 않았습니다. 아니, 정확히 말하면 너무 맛이 없었지요. 서로 아무 말 없이 순식간에 음식을 대충 먹어치우고는 그 가게를 떠났습니다. 그리고 차 안에서 "이야, 참 안타까운 식당이었어요. 진짜 맛이 없었지요?" 하고 말했지요. 그러자 우리에게 사이토 씨가 웃으면서 이렇게 말했습니다.

"맛이 없다느니 그런 이야기하면 안돼요. 식당 주인이 들으면 충격을 받잖아요. 어차피 말할 것이라면 상대방이 모르도록 이렇게 말해야지요. '랑게르한스섬'"

이 말에 우리는 배꼽을 잡고 폭소를 터뜨렸습니다. 사이토 씨의 우스갯소리 한마디로 사실은 맛이 없던 식사로 기분이 상할 뻔한 식당이 평생 잊지 못할 즐거운 추억의 가게로 바뀐 것입니다. 또 어느 날 국숫집에서 식사를 한 후의 일입니다. "굉장하네요. 이 국수는 면에서 육수를 뽑았어요."라며 사이토 씨가 웃었습니다. 국물에서 아무 맛도 느껴지지 않았기 때문이죠. 이때도 다 같이 크게 웃었습니다.

이런 식으로 사이토 씨의 유머는 어떤 순간에도 우리를 늘 즐겁게 만듭니다. 음식은 여행의 큰 즐거움 중 하나입니다. 음식이 입에 맞지 않고 맛이 없으면 실망스럽고 여행의 기분이 가라앉기도 합니다. 하지만 사이토 씨는 아무리 맛이 없는 요리가 나와도 늘 기분 좋게 이야기합니다. 언젠가 그분은 그 이유를 이렇게 설명했습니다. "그런 일로 기분이 상해서 즐거운 여행을 망치면 안 되잖아요."

정말로 그 말이 맞습니다. 사이토 씨는 어떤 일이 있어도 웃음으로 바꾸어 우리를 즐겁게 만들어줍니다. 그래서 그분과 함께 있으면 그 어떤 때보다도 즐겁습니다.

사이토 씨는 이렇게 말합니다.
"사람들이 어떻게 항상 즐겁냐고 묻는데, 나는 늘 즐거운 일을 생각해요. 기분이 좋은 사람은 늘 기분 좋은 일을 생각해내요. 사는 게 재미없다고 하는 사람은 재미없는 일만 생각하고요. 항상 화가 난 사람은 화가 날 일만 생각하는 겁니다.

퇴근 후에 집에 가서 '당신, 왜 이런 곳에 걸레를 두는 거야?' 하고 화를 내는 사람이 있는데 사실 그는 걸레를 발견하기 전부터 화가 나 있었던 거예요. 실은 걸레가 아니라 빗자루든 뭐든 구실이 될 수 있는 겁니다. 빗자루를 발견했다면 '왜 이런 곳에 빗자루를 둬?' 하고 화를 냈겠지요.

그런데 아무것도 눈에 띄지 않을 때가 가장 화가 나거든요. 그러면 이번에는 지난 일을 끄집어냅니다. 끝난 일을 가지고 '당신, 그러고 보니 말이야……' 하고요. 듣기만 해도 참 짜증 나는 사람이지요? 그런데 진짜 그래요.

그래서 인간은 안 좋은 일이 아니라, 늘 '어떻게 하면 재미있어질까?' 하고 생각하지 않으면 즐겁게 살 수 없어요."

'기분이 안 좋은 사람은 늘 기분 나쁜 일을 생각한다.' 정말 맞는 말입니다. 그러니 기분 좋은 상태를 유지하려면 안 좋은 일조차도 '어떻게 하면 재미있는 일로 바꿀 수 있을까?' 하고 생각하는 연습을 합시다. 맛없는 요리를 두고 "맛이 하나도 없네."라고 말하면 안 좋은 기억으로만 남겠죠. '랑게르한스섬'처럼 모두가 웃어버릴 말 한마디면 즐거운 추억으로 탈바꿈할 수 있는데도 말입니다.

"

기분이 좋은 사람은 늘 기분 좋은 일을 생각해낸다.
안 좋은 일조차도
'어떻게 하면 재미있는 일로 바꿀 수 있을까?'라고
생각하는 연습을 해보자.

"

"좋아요!"라고 말할수록
몸이 더 건강해진다!

사이토 히토리 씨에게 배운 말버릇 중에 아주 쉽게 건강을 손에 넣을 수 있는 방법이 있습니다. 바로 "컨디션이 아주 좋아!"라고 말하는 것입니다. 보통 사람은 컨디션이 100퍼센트 좋을 때 이렇게 말합니다. 하지만 사이토 씨는 '아주 좋을 때'를 60퍼센트라고 정해두고 있다고 합니다.

사이토 씨는 제게 이렇게 설명했습니다.

"나는 어릴 때부터 몸이 안 좋아서 늘 병을 달고 살았어요. 옛날부터 의사들에게 '이번에는 안 되겠어요', '이번에는 어렵겠

어요'라는 말을 계속 들었지요. 하지만 안 되지 않았어요. 죽지 않았어요. 그러다가 어느 날 굉장한 사실을 깨달았지요. 결국 죽지 않으면 튼튼한 거라고.

그래서 지금은 이렇게 말해요. '몸만큼은 자신 있다'라고요. 무척 건강해 보였는데 나보다 일찍 죽은 사람이 있거든요. 그런데 나는 안 죽었어요. 그러니 죽지 않았다면 건강하다고 생각해요.

'아주 좋아요' 하고 말하면 점점 '아주 좋은 상태'에 가까워져요. 물론 그렇게 말한다고 병에 걸리지 않는다는 이야기가 아니니 오해하지 마세요. 병에 걸리지만 빨리 낫지요. 그리고 주위 사람들이 밝아요. 나도 몇 번인가 입원했었는데 내가 입원한 병실은 분위기가 밝았어요. 간호사분들도 놀러 오고 내가 상담도 해주고 하니 병실이 즐거운 카페처럼 바뀌었지요. 그리고 밝게 지내면 정말로 빨리 나아요. 그러니 여러분도 '컨디션이 아주 좋아!' 하고 말해보세요."

종종 "잘 지내세요?" 하고 물으면 "허리가 안 좋아서.", "몸이 좀 아파서." 하고 대답하는 사람이 있습니다. 하지만 상대방에게 아무리 아프고 몸이 불편하다고 이야기한들 상대가 고쳐줄 수 있는 것은 아닙니다. 상대방이 의사도 아닌데 어떻게 낫게 해주겠어요. 대신에 "오늘은 컨디션이 좋아요.", "최고예요!"라고 말하면 당신의 가족이나 친구들, 주위 사람들이 안심합니다. 그리고 주위 사람을 안심시키는 사람에게는 반드시 기적이 일어납니다. 가령 몸 상태가 60퍼센트만 좋아도 "아주 좋아!"라고 말해보는 겁니다. 당신에게 멋진 기적이 일어날 겁니다.

"흥미진진한데?"라는 말로
문제를 해결한다!

언젠가 사이토 히토리 씨가 제자들과 있을 때 전화가 한 통 걸려왔습니다. 옆에서 이야기를 들어보니 사업상 무언가 문제가 생긴 듯했습니다. 하지만 사이토 씨는 곤란해하거나 당황하는 모습을 조금도 보이지 않고 상냥하게 상대방에게 대처할 방법을 일러주었습니다. 전화를 끊고 나서 사이토 씨는 만면의 미소를 띠고 이렇게 중얼거렸습니다.

"이거 흥미진진해지는데?"

이 말 한마디로 우리는 사이토 씨의 멋진 모습에 또 한 번 감탄하고 말았지요. 강철로 된 심장을 가졌나 싶을 만큼 그분은 늘 평정심을 유지합니다.

이는 높은 '자기긍정의 힘' 덕분일 것입니다. 자기긍정의 힘이란 말 그대로 '자기'를 '긍정'하는 힘입니다. 자기긍정의 힘이 크면 여러 가지 일들을 적극적으로 추진할 수 있으며, 평소의 행복도도 상당히 높습니다.

반대로 자기긍정의 힘이 작으면 늘 스스로를 부정하거나 의심하는 데 에너지를 사용하게 됩니다. 그러면 의욕이 떨어질 뿐만 아니라, 자신을 괴롭히는 생각을 하니 평소의 행복지수가 무척 낮아지게 되지요.

보통은 '회사에 손실이 생길 만한 큰 문제인데 뭐가 재미있다는 거지?' 하고 생각할 것입니다. 하지만 사이토 씨는 "이거 흥미진진해지는데?"라고 말하며 자신의 기분을 상하게 하지 않고 문제를 의욕적으로 해결합니다.

놀랍게도 그러면 정말로 굉장한 일이 일어납니다. 어려운 문제였는데 오히려 그 일로 인해 고객이 기뻐하거나 매상이 올라가는 일이 생기는 것입니다. 저 역시 사이토 씨에게 여러 가지

를 배웠지만 그렇다고 문제가 전혀 안 생기지는 않습니다. 인생이란 우여곡절을 거듭하는 법이니까요. 하지만 문제가 생겼을 때 "이제 다 지겨워. 너무 힘드네."라며 기분이 상해서 어두운 얼굴을 하고 있다고 문제가 해결될 리 없습니다. 자칫 잘못하면 더 곤란한 일을 끌어들이게 될지도 모르고요.

어차피 그렇다면 문제가 일어났을 때야말로 미소 띤 얼굴로 말해봅시다!

"이거, 아주 흥미진진해지는데?"

그러면 신기하게도 어떻게 문제를 해결해야 할지 생각할 때 기분 좋은 두근거림이 생깁니다. 그렇게 즐기면서 해결하면 분명히 좋은 결과로 이어집니다. 당신도 말버릇의 마법으로 좋은 기분을 유지하며 기적을 만들어보시길!

늘 좋은 기분이
좋은 일을
끌어들인다

- 고민이 완전히 사라질 수는 없습니다. 고민하는 데 시간과 에너지를 쓰지 말고 늘 좋은 기분을 유지합시다.
- "하아~ 행복해." 한숨을 쉰 후에 행복하다는 말을 덧붙이면 좋은 일이 생깁니다.
- 60퍼센트의 컨디션일 때도 "아주 좋아!"라고 외치면 점점 최고의 상태에 가까워집니다.
- 이런저런 일들이 일어나는 것이 인생입니다. 문제 상황은 "아주 흥미진진해지는데?" 하고 의욕적으로 대해야 합니다.

칭찬을 아끼지 않는 당신은 '리미티드 에디션'

아이를 변화시키는 칭찬 한마디의 힘

"나와는 상관없어."라는 말로 질투심을 끊어내자

나도 칭찬, 상대도 칭찬, 모두를 칭찬한다

상대가 칭찬할 때 잘 받아주는 것도 능력이다

좋은 말을 하면 내가 있는 곳이 바로 명당!

제6장

상대의 마음을 사로잡는
'칭찬'의 말버릇

칭찬을 아끼지 않는 당신은
'리미티드 에디션'

세상이 가장 필요로 하는 사람은 누구일까요? 재능이 있는 사람? 아닙니다. 바로 칭찬하는 사람입니다. 사람은 내버려두면 남을 칭찬하려 하지 않는 생물입니다. 그러면서 자신에 대해서는 "굉장하네!", "대단해!" 하고 칭찬해주기를 바라니 참으로 이 기적인 존재가 아닐 수 없습니다.

세상은 수요와 공급으로 돌아갑니다. 이 세상에 칭찬받고 싶은 사람은 가득합니다. "나에 대해서는 절대로 칭찬하지 마."라고 말하는 사람을 본 적이 있나요? 즉, '칭찬받고 싶다'라는 수

요는 상당히 많은 셈입니다.

하지만 정작 칭찬을 주는 사람은 적습니다. 그러면 아주 희귀한 한정품의 가격이 오르듯이 칭찬하는 사람의 가치도 훨씬 올라가게 됩니다. 그러니 남을 칭찬하면 마법에 걸린 듯이 나를 좋아하게 되는 사람이 마구 늘어나게 되는 것이죠. 굉장한 인기를 얻게 되는 셈입니다.

장사를 하는 사람이라면 손님이 늘어납니다. 회사에 다니는 사람이라면 인정을 받고 승진을 하게 되겠죠. 전업주부라면 가정의 평화를 가져오게 됩니다. 아이도 자신감을 갖고 쑥쑥 자랍니다. 칭찬할 때의 기본 자세에 대해서 사이토 히토리 씨가 알려준 방법이 재미있습니다.

"우리는 상대방이 한번 웃는 정도로 칭찬하고 말지요. 그 정도로는 부족해요. 웃다가 턱이 빠질 정도로 칭찬하세요."

칭찬하는 것이 부끄럽거나 쑥스럽다며 빼고 있어선 안 됩니다. 상대방을 칭찬하고 칭찬하며 웃다가 턱이 빠질 정도로 칭찬하세요. 칭찬이라면 무엇이든 다 좋습니다. "목소리가 멋지세요.", "넥타이가 잘 어울립니다.", "손톱 모양이 귀여워요."

무엇이든 좋으니 칭찬하세요. 아무리 찾아봐도 칭찬할 구석이 안 보인다고요? 이렇게 말해봅시다. "어딘지 분위기가 좋으시네요." 군이 구체적이고 명확한 칭찬이 아니라도 괜찮습니다. 누구에게나 쓸 수 있는 필살기 같은 칭찬의 말을 생각해두길 바랍니다.

중요한 것은 당신에게 칭찬할 '마음'이 있느냐 입니다. 남의 결점을 100가지 찾는 것보다 좋은 점을 한 가지 찾아서 칭찬합시다. 칭찬할 생각이 없다면 이번 장은 읽지 말고 그냥 넘어가세요. 하지만 남을 칭찬하면 분명히 상대에게 호감을 사고 당신은 그것만으로 남들에게는 없는 굉장한 경쟁력을 갖추게 됩니다. 칭찬하는 사람은 귀하니까요.

아이를 변화시키는
칭찬 한마디의 힘

고등학생 딸을 둔 엄마에게서 이런 질문을 받은 적이 있습니다.
"저는 제가 별로 마음에 들지 않아요. 그게 딸한테 전염됐는
지 딸도 '나는 안 예뻐. 아빠 닮아서 쌍꺼풀도 없고 키만 멀대같
이 크잖아' 하고 불만스러워하네요. 어떻게 하면 자신을 좋아하
게 될 수 있지요?"

많은 부모들이 공감하는 내용이 아닐까 생각합니다. 부모가
무의식적으로 내뱉는 말 한마디도 아이들에게는 무척 빠르게
전염됩니다.

이럴 때는 일단 무엇이라도 좋으니 자녀에게 힘을 주는 말을

해줍시다! 가령 이렇게요.

"비밀로 하려고 했는데 실은 옛날에 엄마가 미스 유니버스였고 아빠는 할리우드 배우였단다. 그런 두 사람 사이에서 태어났으니 너는 당연히 사랑스럽지. 아직 너만의 개성을 세상 사람들이 못 알아본 것뿐이야. 그러니 자신감을 가지렴!"

그럼 아이는 "거짓말!"이라면서 웃을 것입니다. 까짓것 거짓말이면 어떤가요. 자녀가 웃으면서 힘을 낼 수 있으면 그걸로 된 겁니다. 그리고 분명 '우리 자식이니까 너는 분명히 괜찮을 거야!'라는 부모의 사랑이 전해질 것입니다.

얼마 후 질문을 했던 엄마가 미소 띤 얼굴로 찾아와 말했습니다. "마유미 씨가 말한 대로 딸한테 너는 사랑스럽다고 칭찬했어요. 처음에는 무슨 농담이냐며 믿지 않는 눈치였지만, 점차 자신감이 붙는 것 같았어요. 외꺼풀인 눈을 가리려고 길게 내리고 다니던 앞머리도 올리고, 응원단 활동도 적극적으로 즐기게 되었어요. 그리고 딸을 칭찬하니 자연스레 저 자신에 대해서도 칭찬하게 되네요. 이제 제가 더 좋아졌습니다. 정말 감사합니다!"

"미안하다, 이런 엄마 아빠 자식이라서…….", "더 잘나고 돈 많은 부모 밑에서 태어나게 해줬어야 하는데, 미안해."라며 자녀에게 부정적인 말을 전염시키고 있지는 않나요? 당신의 그 말로 인해 아이는 점점 자신감을 잃을 수 있습니다. 그것보다는 자신감을 갖도록 칭찬을 해주길 바랍니다.

물론 자기 자신에 대해서도 마찬가지입니다. "나는 눈이 단춧구멍 같아."라며 스스로를 부정적으로 평가하지 말고, "이 작은 눈이 나의 매력이야." 하고 자신을 칭찬해봅시다. 칭찬받는 시간이 길어지면 기분이 좋아지고 스스로를 사랑하게 되며, 자신감도 생기게 될 테니까요.

"나와는 상관없어."라는 말로
질투심을 끊어내자

어쩌면 질투심 때문에 '저 사람보다 내가 못하니까 저 사람을 칭찬하고 싶지 않아'라고 생각하는 사람도 있을지 모르겠습니다. 그런 질투심이 소용돌이칠 때는 "나와는 상관없어." 하고 스스로에게 말해주는 것도 방법입니다.

사이토 히토리 씨는 학창 시절부터 상당히 인기가 많았다고 합니다. 어느 날 같은 반 남학생이 이렇게 말했다고 합니다.

"사이토, 너만 이렇게 인기 있기냐? 너만 인기가 있으니 우리한테 여자 친구가 안 생기잖아."

이 말에 사이토 씨는 즉시 이렇게 받아쳤다고 합니다.

"너한테 여자 친구가 안 생기는 건 내 탓이 아니야. 네가 인기가 없는 건 네 책임이지."

사실 그렇습니다. 사이토 씨가 인기가 많은 것과 남학생에게 여자 친구가 생기지 않는 것은 아무런 상관이 없습니다.

가령 뛰어난 미모의 소유자인 데다 직장에서도 능력을 발휘하는 인기녀인 동료 요시코 씨를 나미코 씨가 질투하고 있다고 해봅시다. 질투하는 마음을 그대로 드러내며 "요시코가 뭐가 그렇게 예뻐? 인기를 끌려고 세련된 척하는 것뿐이지."라며 험담을 한다면 나미코 씨는 자신의 가치를 점점 떨어뜨리는 것밖에 되지 않습니다.

하지만 "나와는 상관없어." 하고 질투심을 끊어내고, "요시코 씨는 미인인 데다 세련돼서 인기가 있지요. 저도 진짜 좋아해요!"라며 다른 사람의 멋진 점을 솔직히 인정하고 칭찬하는 사람이 되었다고 해봅시다. 그러면 나미코 씨는 사람됨이 참 괜찮다며 오히려 더 좋은 평가를 받게 될 것입니다. 상대방을 칭찬하면 자신의 가치가 떨어진다는 생각은 완전히 잘못되었습니다.

물론 마음속으로는 질투심이 일어날 수 있겠죠. 그런데 질투가 난다는 것은 부러워할 만한 멋진 무언가를 상대방이 지니고 있다는 말이기도 합니다.

　반대로 말하자면, 자신도 그렇게 되고 싶은 열망이 있다고 보면 됩니다. 그렇다면 부러운 부분을 따라서 가꾸어 내 것으로 만들어봅시다. '눈이 예뻐서 인상적이네' 싶다면 눈화장을 따라 해 보거나 '배려를 잘하는구나' 싶으면 어떤 식으로 사람들을 배려하면 되는지 관찰하는 것입니다. 그리고 자신이 질투를 느끼는 부분을 솔직히 칭찬으로 바꿔봅시다. "눈이 정말 예쁘세요.", "사소한 부분까지 배려하다니 정말 멋있어요." 하고 칭찬하는 것입니다! 다른 사람을 솔직하게 칭찬함으로써 당신은 주위 사람들에게 호감을 사게 될 것이고, 무엇보다 당신도 한 단계 성장할 수 있을 것입니다!

나도 칭찬, 상대도 칭찬,
모두를 칭찬한다

남을 칭찬하지 못하는 사람은 사실 자신에 대한 칭찬에도 인색합니다. 남들에게 칭찬의 말이 안 나오는 사람이라면 이런 말버릇을 연습해봅시다.

"나는 대단해! 당신 대단해요! 모두 대단합니다!"

자신을 인정하고 칭찬하고, 상대방을 인정하고 칭찬합시다. 모두를 인정하고 칭찬합시다. 모두가 대단하니 누구든 칭찬할 수 있겠지요.

사이토 히토리 씨는 이렇게 말합니다. "자기 인생에 일어나는 일들은 100퍼센트 자기 책임입니다. 불행을 끌어들인 책임도 자신에게 있어요. 자신의 가치를 스스로 떨어뜨린 것이지요."

'어차피 나 같은 게……' 하고 자신을 인정하지 못하니, 스스로의 가치를 떨어뜨리고 계속 불행의 길로 나아가게 되는 것입니다. 너무나도 슬픈 삶 아닌가요? 그러니 이제 자기 자신을 탓하는 일은 그만두고 스스로를 인정해주면 어떨까요?

"나는 대단해! 당신 대단해요! 모두 대단합니다!" 하고 말버릇이 될 때까지 몇 번이고 말해봅시다. 자신을 인정하고 칭찬할 수 있게 되었을 때 멋진 기적이 눈사태처럼 몰려올 테니까요. 자기 자신을 더 많이 칭찬하고, 사랑합시다!

상대가 칭찬할 때
잘 받아주는 것도 능력이다

칭찬을 할 때는 상대방이 '웃다가 턱이 빠질 정도로 칭찬하고 칭찬하는 것'이 비결임을 앞에서 소개했습니다. 이에 더해 칭찬할 때뿐만 아니라 칭찬을 '들을 때'도 기본 자세가 있습니다.

　종종 "멋지시네요." 하고 칭찬하면 "아니요. 전혀 그렇지 않아요.", "별 말씀을요."라며 겸손한 태도를 보이는 분들이 있습니다. 겸손의 미덕이겠지만 이것도 이제 그만둡시다. 칭찬하는 말을 부정하고 받아들이지 않으면 운세가 나빠지게 됩니다! 멋진 말을 부정한 것이니 그다음에는 안 좋은 말이 오게 됩니다. 그렇게 되길 바라는 사람은 아무도 없겠지요.

사이토 히토리 씨는 '칭찬을 받는 달인'이 되는 비법에 대해 이렇게 말했습니다. "남들이 칭찬을 해주면 무조건 '감사합니다' 하고 넙죽 받으세요." 저는 히토리 씨가 알려준 대로 칭찬을 들었을 때는 "감사합니다." 하고 웃으며 대답하고 있습니다. 덕분에 칭찬받을 기회가 점점 더 늘어나게 되었지요.

그러자 사이토 씨가 더 뛰어난 칭찬받기의 달인이 되는 비법을 전수해주었습니다.

"얼마 전에 알려준 건 칭찬받는 비결의 초급편에 속해요. 이제 중급편을 알려줄게요. 칭찬을 받으면 이렇게 말하는 겁니다. '감사합니다. 솔직한 분이시군요~' 하고 말이지요."

이 말을 듣고 정말로 기분이 유쾌해졌습니다. 그런 반응을 보인다면 칭찬한 사람도 웃지 않을 수 없을 테니 말입니다. 실은 더 위의 상급편도 있습니다.

"이제 슬슬 상급편을 말해줄게요. '마유미 씨, 귀여워요!' 하고 칭찬을 받으면 최고의 미소를 보이며 '감사합니다. 그런 이야기 자주 들어요!'라고 말하면 됩니다."

이 말에 상대방도 분명히 웃게 됩니다. 물론 사이토 씨의 칭찬받기 달인이 되는 3단계에는 나름의 이유가 있습니다. 칭찬을 해준 사람의 말을 감사하게 받아들이고 웃을 수 있다면 그만큼 좋은 일은 없습니다. 그런데 서로 즐겁다면 더더욱 좋은 일이겠지요. 사람은 칭찬을 받으면 행복을 느낍니다. 그 모습을 보며 칭찬을 하는 사람도 기쁨을 느낍니다. 칭찬을 주고받는 즐거운 세상은 천국처럼 행복이 넘치게 되는 것입니다.

이제부터는 누군가의 칭찬에 "감사합니다!" 하고 답하며 서로 즐거움을 느껴보도록 합시다.

좋은 말을 하면
내가 있는 곳이 바로 명당!

제가 마루칸 사업을 위해 교토로 오기로 결정되었을 때 모두들 "교토 사람들은 보수적이고 까다롭다던데 괜찮겠어?", "교토 사람들은 겉과 속이 다르다니 조심해."라며 걱정의 말들을 했습니다. 하지만 실제로 교토에 살아보니 그렇지 않았습니다. 모두가 친절하고 상냥한 데다 만나는 사람들마다 따뜻하고 멋졌습니다.

저는 지금 교토를 일본 제일의 지역이라고 생각할 만큼 매우 좋아합니다. 그래서 하루하루가 무척 즐겁고 행복하지요, 덕분에 교토 부자 순위에도 이름을 올릴 만큼 장사도 번창하고 있습니다. 이렇게 된 것은 사이토 히토리 씨의 이 한마디 덕분이었습니다.

"일본 어디에 가든 좋은 사람이 있는가 하면 나쁜 사람도 있어요. 하지만 마유미 씨가 웃는 얼굴로 행복언어를 사용하며 기분 좋게 지내면 어디 있어도 괜찮습니다. 분명 일이 잘 풀릴 테니까요."

그 말은 정말이었습니다. 괜찮았고, 일도 잘 풀렸으니까요!

종종 자신이 사는 곳을 깎아내리는 사람들을 만납니다.

"여기는 시골이라서 젊은 사람들은 모두 도시로 나가요."

"이 주변에는 논밭뿐이라서 놀 데가 전혀 없어요."

"눈만 많이 오고 이제 진짜 지긋지긋해요."

이런 말을 자주 하면 운이 달아나기 마련입니다. 그 땅을 지키는 신은 험담이나 불평불만, 우리의 모든 말을 귀 기울여 듣고 계시니까요. 이런 이야기들을 들으면 분명 슬픔에 잠기고 우울해하실 것입니다.

"이곳은 여유롭고 녹음이 푸르러서 좋아요."

"이 주변에서 나는 먹을거리는 정말로 다 맛있어요."

"눈이 왔을 때의 경치는 마치 그림을 그려놓은 듯이 최고로 아름다워요."

이렇게 칭찬하면 땅을 지키는 신은 분명 감격하며 기뻐하실 것입니다. 만약 당신이 그 땅의 신이라면 누구의 편에 서고 싶을까요? 시골에는 시골만의 좋은 점, 도회지에는 도회지만의 좋은 점이 분명히 존재합니다. 그 땅을 칭찬하면 신도 기분이 좋아지고 힘이 날 것입니다. 신이 마음 가득 응원을 하니 강한 운이 찾아오게 되는 것입니다.

비단 땅뿐만 아니라 가정이나 지역, 직장도 마찬가지입니다. 당신이 지금 있는 곳에 대해 험담하거나 불평불만을 이야기하면 그곳에서 성공할 수 없습니다.

일본에는 무수한 신이 존재합니다. 신이 무수히 많다는 것은 어디에나 신이 있다는 의미기도 합니다. 즉, 어디서나 신의 힘을 얻을 수 있다는 말입니다. 그러니 당신이 지금 있는 곳의 좋은 점을 찾아 마음껏 칭찬합시다. 그리고 신들의 많은 힘을 받아서 그 좋은 기운을 차곡차곡 쌓아가도록 합시다.

칭찬을 하는 태도만큼
칭찬을 받는 태도도
중요하다

- 세상이 가장 필요로 하는 이는 칭찬하는 사람입니다. 상대방이 웃다가 턱이 빠질 만큼 칭찬해봅시다.

- 칭찬하는 마음을 질투심이 방해한다면 "나와는 상관없어." 하고 끊어내야 합니다.

- 겸손은 미덕이 아닙니다. 칭찬을 받으면 "감사합니다! 그런 이야기 자주 들어요!"라고 감사와 함께 웃음도 전달합시다.

- 자신의 기분은 환경과 무관합니다. 지금 자신이 있는 곳에서 좋은 점을 발견해 늘 칭찬합시다.

어마어마한 이자가 붙는 신비한 우주저금

돈에게 사랑받는 사람들의 말버릇

돈에게 늘 인사해야 돈이 나를 알아본다

"돈이 없어."는 절대 금기어!

부자가 되는 길은 계단으로 이루어져 있다

돈이 들어오는 길을 넓히는 법

부자들은 어떤 멋진 행동을 할까?

돈이 따르는 사람은 하지 않는 '사서 고생'

'바빠 죽겠다'와 '잘나가다 보니 바쁘네'

좋아하는 일을 하면서 돈 걱정 없이 살기

제7장

돈이 쉴 새 없이 쌓이는
'우주저금'의 말버릇

어마어마한 이자가 붙는
신비한 우주저금

여기까지 읽고 제1장부터 제6장까지 나온 말버릇을 익힌 사람에게는 이미 돈이 굴러오는 흐름이 생겼을 것입니다. 왜냐하면 제1장에서 이야기한 덕을 쌓아 얻은 '음덕 포인트'가 가득할 테니까요.

행복언어 말하기, 감사하기, 남의 행복을 바라기, 자존감 채우기, 자신의 기분을 좋게 유지하기, 남을 칭찬하기 등은 모두 덕을 쌓는 일입니다. 이것을 사이토 히토리 씨 식으로 '우주저금'이라고 합니다.

우주저금은 은행이나 우체국 저금처럼 눈에 보이지는 않지만 이 우주에 엄연히 존재합니다. 게다가 우주저금의 금리는 어마어마하게 높습니다. 그러니 좋은 말버릇을 마음에 새기고 음덕 포인트를 쌓으면 기적처럼 좋은 일들이 계속 일어날 뿐만 아니라, 동시에 돈도 점점 흘러 들어올 것입니다. 이 얼마나 멋진 일인가요?

단, 나쁜 말버릇을 지닌 사람들은 주의해야 합니다. 한두 번쯤 나쁜 말을 한다고 무슨 일이 생기겠어, 하고 생각해서는 안 됩니다. 나쁜 말버릇 하나쯤은 괜찮다고 넘기고 있지는 않은가요? 절대로 그렇지 않습니다. 단 한 번이라도 나쁜 말을 하면 마이너스 100만 포인트가 쌓인다고 보면 됩니다.

우주저금은 금리 적용법이 이 세상의 것과 완전히 다릅니다. 인간 세계의 상식을 뛰어넘는 어마어마한 수준이지요. 그러니 좋은 덕으로 쌓은 저금은 상상하지도 못한 기적을 불러오게 됩니다.

반대로 한 번의 나쁜 말 역시 그 금리가 어마어마합니다. 그래서 나쁜 말을 한 번 입에 담기만 해도 마이너스 100만 포인트가 되어버리는 것이지요. 그러면 나쁜 일이 생기는 데다 돈도 눈 깜짝할 사이에 달아나버리게 됩니다. 우주는 좋은 일이든 나쁜 일이든 통 크게 베풉니다. 좋은 말로 우주저금의 금리를 펑펑 늘려가기 바랍니다.

"왜 나는 돈이 안 모이지?"
"어째서 똑같은 걸 파는데 왜 나는 돈을 못 벌지?"
"왜 저 가게는 사람이 줄을 서는데 우리는 손님이 안 올까?"
"왜 나는 승진을 못 하지?"

이런 의문이 드는 사람은 다시 한 번 제6장을 차근차근 읽어보기 바랍니다.

우주저금을 많이 해둔 사람에게는 절대 나쁜 일이 일어나지 않습니다. 믿을 수 없을 만큼 좋은 일만 일어나지요. 돈도 팍팍 쌓입니다. 그렇게 당신이 모은 우주저금은 최적의 타이밍에 상상도 못한 형태로 복리가 붙어 돌아오게 될 것입니다.

돈에게
사랑받는 사람들의 말버릇

돈을 잘 끌어 모으는 것은 사실 '사람의 마음을 얻는 법'과 비슷합니다. 사이토 히토리 씨가 알려준 '돈에게 인기를 끄는 비결 세 가지'가 있는데 무엇인지 아십니까? 첫 번째가 상냥할 것, 두 번째가 강할 것, 세 번째가 손이 빠를 것입니다.

우선 첫 번째로 상냥함에 대해 말하자면, 돈에도 사람과 마찬가지로 '마음'이 존재합니다. 그러니 우선은 돈을 상냥하게 대하세요. "돈이 정말 좋아!"라고 말하며 가방이나 옷, 화장도구 등을 끊임없이 사들여 빈털터리인 사람이 있습니다. 그런 사람은 사실 돈보다도 '물건'을 좋아하는 것입니다. 돈에게 사랑을 받고 싶다면 "내 곁에서 편히 쉬어." 하고 상냥하게 말합시다. 돈도 혹사시키는 사람보다야 상냥하게 대하는 사람이 좋을 테니까요. 그리고 돈을 쓸 때도 "잘 가! 또 나한테 돌아오렴." 하고 따뜻하게 말해줍시다. 상냥한 사람이 좋은 것처럼 돈도 상냥한 사람의 곁에 있으면 마음이 편하니 몰려들게 마련입니다.

무엇보다 두 번째 덕목인 '강함'이 매우 중요합니다! 일을 열심히 해서 높은 자리에 오르거나, 유산을 받게 되거나, 복권에 당첨이 되거나, 장사가 잘되면 돈은 당연히 들어오게 되어 있습니다. 여기서 중요한 것은 그렇게 들어온 돈을 제대로 지니고 있느냐 하는 것입니다. 분명 많이 벌었는데 통장이 텅 비었거나 마이너스 통장을 쓴다면, 돈에 매우 약한 사람이라는 뜻입니다. 돈에 강한 사람은 '돈을 계속 지니고 있을 수 있는 사람'을 뜻합니다.

돈에게 강해야 돈을 모을 수 있습니다. 그러려면 우선은 수입의 10퍼센트를 저축하도록 합시다. 월급이 200만 원이라면 매달 20만 원을 저금하는 겁니다. 그러면 단순히 계산해도 1년이면 240만 원, 10년이면 2,400만 원이 모인다고 생각할 수 있

습니다. 하지만 신기하게도 돈이 돈을 불러 모으는 성질 때문에 실제로는 더 많은 돈이 모이게 됩니다. 반대로 돈이 없는 사람에게서는 돈이 계속 빠져나가는 성질도 있습니다. 돈 자체가 '돈에 강한 사람'을 좋아하기 때문입니다. 우리가 그저 상냥하기만 한 사람보다는 상냥하면서도 심지가 굳은 사람을 더 좋아하고 믿음직스럽게 여기는 것과 같은 이치입니다.

세 번째로 '손이 빠를 것'은 뭘 뜻하는 걸까요? 당신이 누군가를 좋아하게 되었다고 생각해봅시다. 바라만 보고 있어서는 안 되겠지요. 고백을 하지 않으면 아무것도 시작되지 않습니다. 그리고 살짝이라도 마음이 있다는 태도를 보이지 않으면 상대방은 절대 알아차리지 못합니다. 돈도 똑같습니다. 사실은 돈을 좋아하면서도 "나는 돈에 관심 없어.", "돈은 필요 없어.", "인생은 돈으로 사는 게 아니야."라며 소홀한 태도를 보이거나 돈을 나쁘게 이야기하며 차갑게 대하는 사람들이 많은데, 절대 그래서는 안 됩니다. 오늘부터 돈에 대해 상냥하면서도 솔직하게 "돈이 정말 좋아!"라고 말합시다.

"돈이 정말 좋아."라고 말하는 것이 너무 노골적이어서 쑥스럽다면 이렇게 말하는 방법도 있습니다.

"일이 정말 좋아!"

"사람이 너무 좋아!"

왜냐하면 일을 하지 않으면 돈이 들어오지 않고, 혼자서 할 수 있는 일은 없기 때문입니다. 인터넷 쇼핑몰을 혼자서 운영한다고 해도 사주는 사람이 있어야 하는 것처럼 말입니다. "일이 정말 좋아!"와 "사람이 정말 좋아!"는 곧 "돈이 정말 좋아!"라는 말과 같습니다.

이 세 가지를 실천해보면 신기하게도 사람들에게도, 돈에게도 인기를 얻게 될 것입니다. 사람의 호감을 사는 것과 돈의 호감을 사는 것은 놀랍도록 비슷하니까요. 당신은 돈을 사랑하고, 돈에게 사랑받고 있나요?

돈에게 늘 인사해야
돈이 나를 알아본다

종종 친구들이 모이면 음식 가격 맞히기로 '식사비 내기' 게임
을 하며 분위기를 띄울 때가 있습니다. 진 사람이 식사비를 전
부 내야 하니 열기가 대단하지요. 늘 미소가 끊이지 않는 사이
토 히토리 씨의 제자 노부 씨는 본인이 져서 돈을 내야 할 때 늘
이렇게 말합니다.

"돈을 내는 것만으로도 행복해요!"

이 말에 모두들 또 한 번 한바탕 폭소가 터집니다. 그런데 살
다 보면 돈을 낼 수 있다는 게 무척 행복한 일이라는 사실을 새

삼 깨닫게 됩니다. 낼 돈이 없으면 무전취식으로 잡혀갈 테니까요. 또 돈이 없으면 살 집도 빌릴 수 없으니 노숙을 해야 하고, 옷도 살 수 없어 헐벗은 채로 살아야만 할 테지요. 그래서 저는 돈이 목숨처럼 소중합니다. 저를 가장 많이 도와주고 저를 살게 해주기 때문입니다. 그러니 돈을 낼 때는 "돈 님, 감사합니다. 또 제게 돌아오세요." 하고 말하며 마치 아버지가 딸을 시집보내는 마음으로 떠나보냅니다. 지갑 속에 있을 때는 "돈 님, 계속 여기 계세요." 하고 상냥하게 대하고요.

저에게는 마음 깊이 사랑하는 남성이 두 명 있습니다. 첫 번째는 바로 사이토 히토리 씨, 두 번째는 교육가 후쿠자와 유키치 선생입니다. 그리고 이 두 분만큼이나 저는 돈을 사랑합니다!
돈 님, 고마워요, 마음 깊이 사랑해요, 진심으로 감사해요!

"돈이 없어."는 절대 금기어!

저는 어린 시절 도쿄의 변두리 구역에 살았습니다. 아버지는 회사원이었고 어머니는 시간제 아르바이트를 하셨지요. 여동생까지 네 식구였는데 돈과는 거리가 먼 그런 가정이었습니다.

"우리는 돈이 없으니까."

어머니는 항상 이렇게 말했습니다. 당시 엄마의 이 말을 들으면 '내가 전생에 무슨 잘못을 했나?' 싶을 만큼 외롭고 슬프며 허무함이 느껴졌습니다. 때로는 분노가 치밀 만큼 그 말이 너무 싫었습니다.

저는 "돈이 없어."라는 말을 무척 싫어합니다. 돈이 없다며 지금의 신세를 한탄해봐야 좋아지는 것은 하나도 없기 때문이죠. 게다가 "돈이 없어."라는 말을 달고 살면 '불쌍한 사람이네', '가까이하기는 힘들겠어' 같은 부정적인 이미지만 심어줍니다. 결국 자신에게 득이 되는 건 하나도 없는 셈입니다.

결국 "돈이 없어."라는 말은 의욕이 없음을 드러내는 일일 뿐입니다. '돈이 없어'는 '나는 매력이 하나도 없어요'라는 말과 똑같습니다. 매력 있는 사람이라면 돈이 있고 없고를 떠나서 함께하는 것만으로도 행복하고 매우 즐겁습니다.

"돈이 없어."라는 나쁜 말버릇 때문에 정말로 돈이 없는 상태가 되는 것도 무섭지만 '매력마저 없는 사람'이 되어버리지 않도록 합시다. "돈이 없어."라는 말버릇은 절대 나오지 않게 봉인해두고 '지금 할 수 있는 즐거운 일은 무엇일까?'를 생각해보도록 합시다.

부자가 되는 길은
계단으로 이루어져 있다

"부자가 되고 싶은데, 한 방에 빨리 돈을 벌 수 있는 방법이 없나요?"

자주 듣는 질문입니다. 그럴 때면 저는 이렇게 대답합니다. "한 방에 빨리 부자가 될 수 있는 방법은 있습니다. 그런데 정말 중요한 것은 돈을 빨리 버는 것보다 돈을 계속 버는 것과 돈을 계속 가지고 있는 것이에요."

복권에 당첨돼 벼락부자가 되었다가 눈 깜짝할 사이에 재산을 다 탕진하고 이전보다 더 가난해져 어려움을 겪는 사람의 이야기, 많이 들어보셨겠지요.

그런 일이 벌어지는 것은 사실 그만큼의 돈을 가질 '그릇'을 갖추지 못했는데 큰돈을 손에 쥐었기 때문입니다. 작은 소주잔에다 양주 한 병을 가득 채울 수는 없는 노릇 아닙니까. 순식간에 넘쳐흘러서 딱 잔에 있는 술만 남게 되겠지요. 돈도 마찬가지입니다. 자신의 그릇이 작으면 돈을 계속 가지고 있을 수 없습니다.

이는 마치 "고급 아파트의 최고층에 살고 싶어. 돈은 얼마든지 있으니, 1층부터 29층까지는 아무렇게나 지어도 되니까 최고층인 30층에만 호화로운 방을 만들어줘."라고 말하는 것과 같습니다. 그런 아파트는 위험하기 짝이 없겠죠. 1층, 2층부터 튼튼하게 쌓아 올려야만 30층이 완성되는 법입니다.

부자가 되는 것도 마찬가지입니다. 1층, 2층씩 쌓아 올려야 합니다. 당신이 지금 전업주부라면 하루짜리 단기 아르바이트든 시간제 아르바이트든 무엇이든 일을 시작하십시오. 그리고 수입의 10퍼센트를 저축하면 됩니다. 월급이 30만 원이라면 10퍼센트인 3만 원을 저축하는 것입니다.

그러면 점차 돈이 쌓이게 됩니다. 마치 부자가 되는 계단을 하나씩 밟아 오르는 것과 같습니다. 꾸준히 올라가서 어느 날 문득 되돌아보면 '우와, 이렇게 부자가 되었구나' 싶은 것이 진짜 부자가 되는 길입니다.

그렇게 매달 수입의 10퍼센트를 착실히 저금하면 돈의 소중함을 절실히 깨닫게 되고, 돈이 불어나는 기쁨과 즐거움을 알 수 있게 될 것입니다. 또 돈이 자신에게 안정감과 평온함, 자신감을 가져다준다는 사실을 몸소 느끼게 될 것입니다. 스스로 모은 돈에는 그만큼 놀라운 힘이 있습니다.

그러려면 우선 지금 자신이 있는 곳, "여기서 최고가 되자!"라고 스스로에게 선언합시다. 하나하나 계단을 올라가기로 결심하는 것입니다. 아르바이트로 일한다면 그중에서 가장 인정받는 직원이 되도록 웃으며 노력합시다. 주부라면 "이 동네 최고의 주부가 되겠어!"라는 다짐으로 가정의 행복을 일구는 데 최선을 다합시다. 지금 회사에 다니고 있다면 같은 직급에 있는 사람들 중에서 최고가 되도록 합시다. 그렇게 노력하면 가장 먼저 승진하는 자신을 발견하게 될 것입니다.

스스로 노력해서 쌓아 올린 계단은 절대로 배신하지 않습니다. 발목이 잡힐 만한 일도 절대로 일어나지 않습니다. 빠르게 손에 넣은 돈과는 완전히 다른, 당신이 지닌 실력의 '증거'인 셈입니다. 그런 당신은 두 번 다시 불행이나 가난을 겪지 않게 됩니다. 계속해서 '진정한 부자'로 살아갈 수 있는 것입니다.

돈이 들어오는 길을
넓히는 법

부자가 되기를 스스로 거부하는 사람들이 많다는 것을 아시나요? 한 텔레비전 프로그램에서 재미있는 실험을 한 적이 있습니다. 안면도 없는 사람이 갑자기 길에서 돈을 건넸을 때 사람들이 받는지 받지 않는지 알아보는 실험이었습니다. 실험 결과, 신기하게도 부자들은 바로 받았으며, 그렇지 않은 사람들은 거절했습니다.

어째서 그랬을까요? 부자는 돈이 자신에게 들어오는 데 아무런 거부감이 없기 때문입니다. 그들에게는 너무 당연한 일이지요. 반면 돈이 없는 사람은 '돈은 거저 생기는 것이 아니다'라는 생각이 강해 쉽게 돈이 들어오는 데 죄책감부터 가집니다. 그래서 모르는 사람이 갑자기 돈을 건네면 받지 못했던 것이지요.

그런 근거 없는 죄책감 때문에 돈이 들어오는 길을 스스로 차단해버리다니 참으로 안타깝습니다. 근거 없는 죄책감은 부모나 친척, 학교 선생님, 친구, 혹은 텔레비전이나 신문, 잡지 등 여러 미디어를 통해 자기도 모르게 주입된 것일지 모릅니다. 하지만 기억하시길. 나와 당신을 포함해 인간은 모두 행복하고 풍요롭게 살기 위해 태어났습니다. 그러니 우리는 행복하고 풍요롭게 살아야만 합니다.

다른 사람이 주입한 죄책감 때문에 돈이나 행복을 멀리하지 않기 바랍니다. 물론 수상한 방법으로 돈을 벌 수 있다는 이야기에는 주의를 기울여야 하지만요. 자신을 얽매는 죄책감에서 해방되려면 "나는 행복과 돈이 어울리는 사람!"이라고 여러 번 말해봅시다. 이 말이 말버릇이 되었을 때, 당신은 행복하고 풍요로운 부자가 되어 있을 것입니다.

부자들은
어떤 멋진 행동을 할까?

돈이 없어서, 돈 때문에 고생하는 사람들 중에는 "돈을 많이 번 사람은 분명 나쁜 짓을 많이 해서 그렇게 된 걸 거야."라고 단정 짓는 사람이 있습니다. 그런데 실제로 나쁜 일로 돈을 번 사람을 본 적이 있나요? 대개는 드라마나 영화, 소설 속의 악역이 만든 이미지에서 오는 편견이라고 생각합니다. 사실 돈을 좋아하지 않으면 절대 손에 넣을 수가 없습니다. 돈은 제 발로 걸을 수 없기 때문이죠. 돈은 사람이 가지고 날라야 합니다.

당신이 사는 곳 인근 상점가에 채소 가게가 두 곳 있다고 해봅시다. 한 곳은 늘 기분 나쁜 느낌을 풍기는 데다 손님에 따라 태도가 180도 달라집니다. 게다가 다 시들고 신선해 보이지 않는 채소들을 아무렇지 않게 비싸게 팝니다. 그런 가게에서 채소를 사고 싶을까요?

다른 한 곳은 늘 미소를 지으며 누구에게나 친절하고, 매일 신선한 채소를 들여오며 적절한 가격에 팔고 있습니다. 어떤가요? 저라면 분명히 이 두 번째 가게에서 채소를 사고 싶을 것입니다. 사는 사람(소비자)에게 믿음과 신뢰를 주는 가게는 인기를 얻고 번창할 수밖에 없습니다.

이 채소 가게처럼 돈을 계속 버는 데는 정당한 이유가 있습니다. 그러니 '돈을 많이 번 사람은 나쁜 짓을 해서 번 것'이라는 편견은 버리고 '돈을 많이 버는 사람은 어떤 멋진 일을 한 것일까?' 하고 생각의 방향을 바꾸길 바랍니다. '부자들은 어떤 말을 사용할까?', '부자들은 어떤 아이디어를 가지고 있을까?', '부자들은 어떤 사람과 만날까?', '부자들은 어떤 멋진 행동을 할까?' 그렇게 부자의 좋은 점을 찾는 데 집중하십시오. 그러다 보면 당신도 부자의 반열에 들어설 수 있습니다.

돈이 따르는 사람은 하지 않는
'사서 고생'

"나중에 연금을 못 받으면 어떡하지?"

지금 보험료를 내는 사람들 사이에 저출산, 고령화 문제로 나중에 연금을 못 받을지 모른다는 불안이 퍼져 있는 게 사실입니다. 그러다 보니 이런 이야기도 자주 들립니다. 하지만 세상이 그렇게 흘러가는 것을 고민해봐야 소용없습니다.

사이토 히토리 씨는 말합니다.

"세상에는 여러 가지 고생이 있는데 '미리 고생', '거듭 고생', '사서 고생'이 있어요. 만약 '나는 운이 없어' 하고 생각한다면 이 셋 중 하나를 하고 있는 거예요."

'미리 고생'이란 아직 닥치지도 않은 미래의 일을 걱정해 이 것저것 고생하는 것을 말합니다. 몇 년 후면 지구가 멸망한다 거나, 20년 후에 연금을 못 받을지도 모른다는 걱정도 이에 속 하지요.

'거듭 고생'이란 이미 지나간 일을 두고두고 이렇게 하면 좋 았을 걸, 저렇게 할 걸 그랬어 하고 후회하며 고생하는 것을 말 합니다.

'사서 고생'은 가령 "당신은 괜찮아요. 안심해도 됩니다."라고 말하면 "그런데요, 제 가족 중에 이런 일로 고생하는 사람이 있 거든요."라거나 "제 친구는 이런 일로 힘들어하고 있어서……." 라며 불행한 사람의 예를 들어 "큰일이에요. 저도 언젠가 그렇 게 될까 봐 걱정이에요."라는 식으로 말하며 고생하는 것을 말 합니다.

이들은 곳곳에서 걱정거리를 찾아 고생을 합니다. 한마디로 말하면 고생을 찾아서 하는 달인인 셈입니다. 참으로 이상하고 쓸데없는 일이 아닐 수 없습니다. 굳이 사서 고생하는 것은 이

제 그만두길 바랍니다. 말하는 당신도 불행해질 뿐이고 듣는 사람도 기분만 우울해지니까요. 미리 고생, 거듭 고생, 사서 고생을 해봐야 좋은 일은 하나도 없습니다. 그저 운만 나빠질 뿐이지요.

'우리는 행복해지기 위해 세상에 태어났다'라는 사실을 다시 한 번 떠올리기 바랍니다. "나중에 연금을 못 받으면 어떡하지?" 하고 미리 걱정하지 말고 이왕 할 말이라면 이렇게 바꿔봅시다.

"만약 연금을 받는다면 어디에 쓸까?"

그렇습니다. 고생할 필요 있나요. 밝고 즐거운 마음으로 다시 말해봅시다.

'바빠 죽겠다'와
'잘나가다 보니 바쁘네'

"너무 바빠요. 없는 살림에 먹고살려니 정말 바쁘네요."

약간은 의기양양한 표정으로 이렇게 말하는 사람들이 종종 있습니다. 하지만 바쁜데도 돈이 없다는 것은 일하는 방식이 잘못되었음을 뜻합니다. 마이크로소프트의 창업자이자 대부호인 빌 게이츠가 "너무 바빠요."라고 한다면 고개를 끄덕일 수밖에 없겠지만요.

"가난해서 먹고살기 바빠."라는 불행언어를 쉽게 중얼거리니까 더한 불행이 초래되는 것입니다. 돈을 많이 벌지 못하는데도 시간마저 가난하다면 그건 일하는 방식을 다시 한 번 생각해보라고 우주가 주는 신호입니다.

최근 저는 강연 의뢰가 늘어나면서 일본 곳곳을 날아다니고 있습니다. 친하게 지내는 지인인 하나 씨도 강연을 많이 하는 터라 좀처럼 만나기가 힘듭니다. 얼마 전 오랜만에 하나 씨와 만나서 식사를 했을 때 일행 한 사람이 이렇게 말했습니다.

"두 분 다 바빠서 너무 힘드시겠어요."

하나 씨와 저는 곧장 대답했습니다.

"전~혀요! 저희 진짜 잘나가는 사람들이에요. 그래서 힘들지 않고 진심으로 즐겁고 감사해요!"

그러자 다들 "우와 멋지네요! 잘나가는 사람들이라니 멋져요. 파이팅!" 하고 웃으면서 응원해주었습니다.

말이란 정말로 신기합니다. 내가 어떻게 말하느냐에 따라 상대방을 어둡게도, 또 밝게도 만들 수 있으니 말입니다.

일 때문에 바쁜 것은 매우 행복한 일입니다. 그리고 감사해야할 일이죠. 게다가 사실은 모두가 바쁩니다. 그런데도 "바쁘다 바빠."를 입에 담지 않고 묵묵히 일하니 멋지지 않은가요? 자기

만 온 세상 일을 다 떠맡은 것처럼 불행한 말버릇을 가져서는
안 될 것입니다.

좋아하는 일을 하면서
돈 걱정 없이 살기

"멋진 일을 할 수 있다면 돈 따위는 필요 없어."라며 스스로 고생을 사서 하는 사람이 있습니다. 하지만 이 발상은 뭔가 거꾸로 된 것입니다. 멋진 일을 계속하려면 돈을 벌지 않으면 안 됩니다. 돈을 못 벌면 아무리 멋진 일이라도 계속할 수 없게 되니까요.

그러니 "멋진 일을 하는 이상 돈도 제대로 벌자!"라고 말하기 바랍니다. 돈을 벌지 못한다는 것은 그 일에 재능이 없음을 뜻합니다. '이 일에서 싹을 틔울 때까지 돈은 필요 없다'라고 생각할지도 모르지만, 일이 잘 안 풀린다면 '어떻게 하면 잘 풀릴까?', '어떻게 해야 돈이 벌릴까?' 하고 열심히 생각해보길 바랍니다. 그리고 방법을 바꿔야만 합니다. 세상은 아무것도 바꾸지 않고 한 방에 해결할 수 있을 만큼 만만하지 않기 때문이죠.

가령 당신이 인형을 만드는 사람이라고 해봅시다. 똑같은 인형을 1,000개나 열심히 만들고 있는데 하나도 팔리지 않는다면 당신이 만드는 인형에 문제가 있을 수 있다는 생각을 해야 합니다. 같은 일을 그냥 계속하는 것만이 능사는 아닙니다. '요즘 세상에는 뭐가 인기가 있나?' 하고 안테나를 세워봐야 하겠지요. 그리고 그것을 팔기 위해 SNS를 이용할 수도 있을 것입니다. 또 재고만 쌓이지 않도록 주문을 받은 후에 제작한다거나, 유행에 따라 디자인을 조금씩 바꾸는 등 무엇이든 좋으니 계속 지혜를 짜내야 합니다.

사이토 히토리 씨는 일을 하는 데 있어서 매우 중요한 사실에 대해 이렇게 말합니다.

"사람들은 '끝까지 해내는 것이 중요하다!'고들 많이 말합니다. 그런데 나는 '발선하며 끝까지 해내는 깃이 중요하다'리고 말하고 싶어요. 그저 계속하기만 하는 것은 아무 의미가 없습니다. 같은 일을 단순히 그냥 반복하기만 하면 안 된다는 거지요. 나쁜 점을 보완하고 더 좋게 고쳐 나가면서 계속해야 해요. 여러 경험을 쌓고 발전하면서 계속해야 실력이 향상됩니다. 능률도 올라가고 기술도 향상되니 좋은 결과가 나오고, 일의 방식이나 여러 가지 문제가 해결되는 등 인생의 모든 일이 계속 좋아져요."

저는 이 이야기를 듣고 매우 감동했습니다. 그와 동시에 '발전 없이 같은 일을 계속하는 것이 오히려 성장을 방해한다'라는 사실을 깨달았습니다. 가령 회사원이라면 "부장님이 제 기획안을 거절했어요. 어차피 저는 안 되는 사람인가 봐요."라며 포기하기 전에 다시 한 번 생각해보기 바랍니다. 몇 번이나 같은 방법으로 부장님께 다가가지 않았는지, 부장님을 잘 관찰하고 '어떻게 하면 기획안이 통과될 수 있을까?'를 생각해서 방법을 바꾸고, 내용을 개선해 접근해봅시다.

연애도 마찬가지입니다. 사이토 씨가 우스갯소리로 이렇게 말한 적이 있습니다. "옛날에 〈101번째 프러포즈〉라는 드라마가 크게 히트했어요. 그런데 잘 생각해보면, 싫은 사람이 101번

이나 프러포즈를 한다면 그건 스토커나 마찬가지예요. 드라마 니까 로맨틱하게 포장되었을 뿐이지 실제로는 그냥 스토커지 요. 똑같은 이야기를 계속하면 안 되는 겁니다."

정말로 그 말이 맞습니다. 101번까지 가기 전에 고치고 좋은 쪽으로 발전시켜서 적어도 열 번 정도로 줄여야 합니다. 그렇 게 하면 상대방이 프러포즈를 받아줄 확률도 훨씬 올라갈 것입 니다.

발전하며 끝까지 해내는 일은 단순히 계속하는 것보다 훨씬 더 힘듭니다. 하지만 실천했을 때의 효과는 절대적입니다! 실 패도 좋은 경험이라고 생각하며 즐겁게 개선과 발전을 거듭해 봅시다. 그러기 위해서도 "좋아하는 일을 하는 이상 제대로 돈 을 벌겠다!"라고 말해야 합니다. 이 말이 습관처럼 나올 때쯤 당 신은 믿을 수 없을 만큼 행복한 부자가 되어 있을 것입니다.

나는
행복과 돈이
어울리는 사람이다

- 좋은 말버릇을 마음에 새기고 덕을 쌓으면 어마어마한 이자가 붙는 '우주저금'이 가득 쌓이게 됩니다.

- 돈에게 인기를 얻고 싶다면 '상냥할 것, 강할 것, 손이 빠를 것', 이 세 가지를 기억합니다.

- "돈을 내는 것만으로도 행복해요." 생명처럼 소중한 돈이 들어오고 나갈 때 돈에게 감사를 전합시다.

- 발전 없이 단순히 반복하는 것보다는 발전하고 개선하며 계속하는 것을 실천합시다.

늘 잘되는 나를 만드는
마법의 말하기 습관

인간은 누구나 맨몸으로 태어납니다. 맨몸으로 태어났다는 것은 그 맨몸에도 당신이 행복해질 수 있는 모든 것이 갖춰져 있다는 의미입니다.

멋진 것을 보는 눈, 멋진 이야기를 듣는 귀, 멋진 향을 맡는 코, 멋진 바람을 느끼는 피부, 멋진 물건을 만들어내는 손, 좋아하는 사람과 맞잡는 손, 멋진 인생을 걷는 발, 좋아하는 사람과 함께 걷는 다리, 멋진 일을 많이 체험할 수 있는 몸, 그리고 인간만이 부여받은 멋진 이야기를 할 수 있는 입!

당신은 행복의 모든 요소를 이미 지니고 있습니다!

당신이 지닌 개성을 빛내면서 최고의 인생을 살기 바랍니다.

당신은 그만큼 멋지고 가치 있으며 선택받은 존재니까요.

이 책과의 만남이 당신에게 많은 돈과 행운을 강하게 끌어들일 것임을 진심으로 믿어 의심치 않습니다.

당신에게 모든 좋은 일이 눈사태처럼 일어날 것입니다!

마음 깊은 곳에서 사랑과 감사와 미소를 담아

미야모토 마유미